安心介護ハンドブック

現場で精選!

介護用

医療用語・横文字略語もOK!!

協力:老人ホーム・フロアチーム
監修:堀 清記・堀 和子
編著:前田万亀子

ひかりのくに

はじめに

高齢化がますます進行するなかで介護の果たす役割は大きくなるばかりです。高齢者ケアの分野でも相次いで介護職の医療行為が法的に認められるようになってきています。施設や在宅で、日常的に医療の必要な方が増えている現状を考えると、介護職のできる行為を広げることは、今後の介護のあり方の間口を広げ、多くの高齢者が恩恵を受けられると思います。もともと医療と介護は重なり合い、線引きが難しい分野です。そうしたことについての答えは現場からしか出てこないだろうと思います。

介護と看護の両輪があってこその高齢者ケアです。そのためにも介護職が医療を理解する必要があります。注射や点滴はできませんが、知識として医療用語は知っておくことは大切なことです。医師とご利用者のやりとりが理解できたり、医療的に的確に対応できるようになります。

本書は、介護に関するさまざまな用語の意味を医療分野も含めてわかりやすく解説しています。どこにでも携帯でき、困ったときにすぐ使える手のひらサイズの用語ハンドブックです。介護職向けに作成しましたが、在宅介護の方や介護に関心のある方にもお勧めしたい一冊です。お一人一冊、携帯していただけると幸いです。

本シリーズ⑤「よくある現場の介護知識」との併用をおすすめします。

編著者

本書の特長と使い方

特長1 役だつ200語をわかりやすく解説・表示！

医療との連携がより深まるこれからを見通して、現場の現役介護スタッフが精選した**「これだけは覚えておきたい200語」**を解説！！

★まず、これだけでおおよそがつかめる！！

●タイトルを見やすく大きくし、ルビや英語表記などを添え、ひと目で理解できる**ワンフレーズ解説**を添えています。

●医療機関との協働に役だつ用語200を厳選し、やさしい表現でわかりやすく解説しています。

詳しい解説

★イラストも！！

●特に重要と思われる用語については**イラストや図表等**を添えて1ページで解説しています。

★関連情報も！！

●さらに大切と思われる用語については解説とともに**「こんなことMO知っておこう」**という関連情報を添えています。

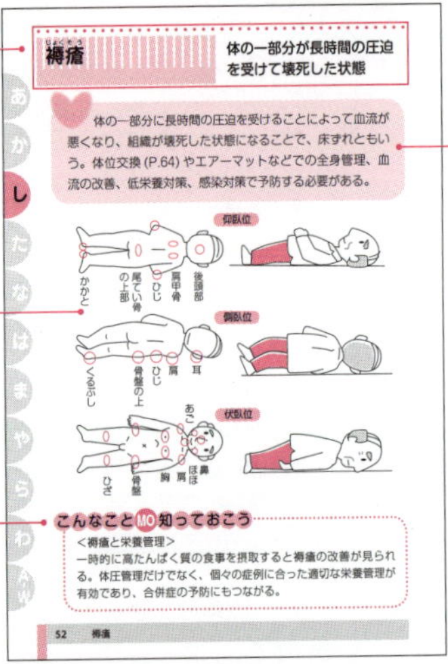
褥瘡《じょくそう》

体の一部分が長時間の圧迫を受けて壊死した状態

体の一部分に長時間の圧迫を受けることによって血流が悪くなり、組織が壊死した状態になることで、床ずれともいう。体位交換 (P.64) やエアーマットなどでの全身管理、血流の改善、低栄養対策、感染対策で予防する必要がある。

こんなことMO知っておこう

<褥瘡と栄養管理>

一時的に高たんぱく質の食事を摂取すると褥瘡の改善が見られる。体圧管理だけでなく、個々の症例に合った適切な栄養管理が有効であり、合併症の予防にもつながる。

52　褥瘡

特長2 コラムや付録が充実！

★プラス46！！（コラム①〜⑥）

●コラムの「こんな用語MO覚えておこう」では、200語以外の用語46を簡潔に解説しています。

●付録として「全身の部位」「全身の骨格」「脳についての図」などを掲載しています。

★プラス42！！
医療用語・横文字略語これだけは精選！

●よく使われる欧文略語42の解説も加えています。

運動療法《うんどうりょうほう》　体の障害に対する基本的な運動のこと

体に及ぼす運動の良い効果を治療に役立たせようとするもので、慢性疾患を持つ高齢者に対して行なうリハビリテーションアプローチの一つ。生活習慣病（P.57）に対する運動療法や整形外科的疾患に対する運動療法がある。

コラム1 こんな用語MO覚えておこう

アシドーシス acidosis	血液の水素イオン濃度が正常域（7.4 ± 0.05）より下がった（酸性に傾いた）状態をいう。
アドボカシー advocacy	権利擁護。認知症高齢者などに対して生命や権利、利益を擁護して代弁することをいう。
アドレナリン adrenaline	副腎髄質ホルモンの一つ。分泌が盛んになると心拍出量の増加や血圧の上昇、血糖値の上昇を招く。

HDL《エイチディーエル》 High Density Lipoprotein

善玉コレステロール。たんぱく質と脂質が結びついたもので、体内の血管壁にたまったコレステロールを抜き取って肝臓に運ぶ機能を果たす。動脈硬化などを起しにくくしなる。

HIV《エイチアイブイ》 Human Immunodeficiency Virus

ヒト免疫不全ウイルス。これに感染する病気がエイズ（AIDS）で、身体の免疫力が低下して、通常よりも感染症や病気になりやすくなってしまう。

FIM/Hb/HBV/HCV/HDL/HIV　119

使い方など

検索しやすく
見やすい！
持ち運びやすい！

★ポケットサイズの大きさ・重さ！！ いつでもどこでも開きましょう！
辞典としても、読み物としても使えます。

●50音順に並べ、目次はもちろん、【あ〜わ】のインデックスやノンブル横の柱書きで、必要な用語がすぐ検索できるようにしています。

◎＜英＞英語・＜独＞ドイツ語 ＜略＞略欧文（P.○）・解説文に記載の用語のページ。

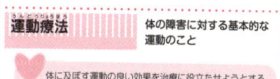

CONTENTS 50音順もくじ

CONTENTS 50音順もくじ

CONTENTS プラス42!! 横文字略語これだけは！精選

A
ADL（エーディーエル） 117
AED（エーイーディ） 117
ALS（エーエルエス） 117
APDL（エーピーディーエル） 117
B
BMI（ビーエムアイ） 117
BPSD（ビーピーエスディー） 117
BS（ビーエス） 118
C
CCU（シーシーユー） 118
CT（シーティー） 118
D
DIV（ディーアイブイ） 118
DM（ディーエム） 118
DNA（ディーエヌエー） 118
F
FIM（エフアイエム） 119
H
Hb（エイチビー） 119
HBV（エイチビーブイ） 119
HCV（エイチシーブイ） 119
HDL（エイチディーエル） 119
HIV（エイチアイブイ） 119
HOT（ホット） 120
HT（エイチティー） 120
I
IADL（アイエーディーエル） 120
IC（アイシー） 120
ICF（アイシーエフ） 120
ICU（アイシーユー） 120
IVH（アイブイエイチ） 121
L
LDL（エルディーエル） 121
M
MMSE（エムエムエスイー） 121
MRI（エムアールアイ） 121
MRSA（エムアールエスエー） 121
MSW（エムエスダブリュー） 121
O
OT（オーティー） 122
P
PEG（ペグ） 122
PET（ペット） 122
PSW（ピーエスダブリュー） 122
PT（ピーティー） 122
PTSD（ピーティーエスディー） 122
Q
QOL（キューオーエル） 123
R
RC（アールシー） 123
S
ST（エスティー） 123
V
VS（ブイエス） 123
W
WBC（ダブリュービーシー） 123
WHO（ダブリューエイチオー） 123

あ
か
さ
た
な
は
ま
や
ら
わ
A-W

アクティビティ
（英）activity

利用者の心身の安定や活性化を目的とした活動

入所施設やデイサービスなどで実施されている利用者の心身の活性化のためのサービス提供活動。趣味やゲーム、スポーツ、音楽、舞踏、生きがい活動などがあり、音楽療法（P.25）や園芸療法、回想法（P.26）などを含む場合もある。

こんなことMO知っておこう

＜こんな使い方ができます＞
私どもでは介護予防やQOL(P.123)を高めるためにアクティビティを積極的に取り入れています。特に認知症（P.80）の症状の軽減や改善に効果が期待できます。

アセスメント
（英）assessment

介護過程の第1段階における事前評価作業

事前評価、初期評価を意味する。ケアマネジメント過程で、ケアプランを作成するための基本情報として、利用者や家族の日常生活や健康状況、希望などを事前に把握、評価することをいう。今後のケアに必要な見通しをたてる重要な作業である。

こんなことMO知っておこう

＜アセスメント、いろいろ＞
アセスメントは環境アセスメント、ヒューマンアセスメントなど、さまざまな分野で使われている。漢字で表現すると、「影響評価」「事前評価」「再評価」「評価」「査定」などである。

圧迫《あっぱく》骨折《こっせつ》

骨に圧迫する力が加わって生じる骨折

骨粗鬆症（P.45）が原因となる骨折（P.45）。複数箇所で発生して真っすぐ立つことができなくなる。高齢者は体位交換（P.64）だけでも脊椎の圧迫骨折が生じ、激しい疼痛（P.75）がある。安静や固定で回復に向かう。

こんなことMO知っておこう

<その他の骨折>

○せん断骨折…骨の長軸に垂直方向に滑らせる力が働いて生じる。
○捻転骨折…骨に対してねじるような力が働いて生じる。
○屈曲骨折…骨に対して折り曲げるような力が働いて生じる。

アルコール依《い》存《ぞん》症《しょう》

（英）alcoholism

アルコールに対するコントロール障害

依存性薬物の一種であるアルコールの飲用を適度な量でやめる能力がなくなり、飲酒のコントロールが失われる病気。進行すると耐性が落ち、少量の飲酒でもひどく酔うようになる（酩酊状態）。飲酒行動の異常や離脱症状が主な特徴である。

こんなことMO知っておこう

<アルコール依存症の治療>

一度アルコール依存症になってしまうと治療は難しい。根本的治療法は断酒しかないが、本人の意志はもちろん周囲の理解や協力が必要である。重度の場合は入院治療が望ましい。

アルツハイマー病《びょう》

（英）Alzheimer

人格の変化を主症状とする認知症疾患の一つ

病理学者のA. アルツハイマーによって報告された大脳の萎縮性疾患。軽度の記憶障害（P.32）と時間や場所の認識ができなくなる混乱が初期症状として現れる。初期は自覚もあるため病気受容が難しく、周囲の理解とケアが必要である。

脳の比較〈水平断と冠状断〉

健常者

72歳

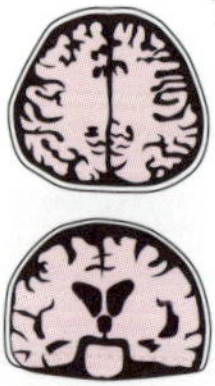

アルツハイマー病

50歳代

脳全体が萎縮して、脳内に溝ができている。

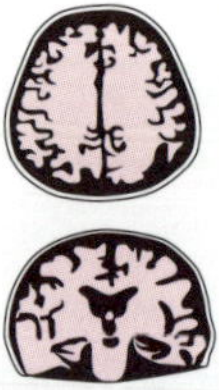

＜臨床経過3期＞

第1期　健忘期

記憶障害（P.32）、睡眠障害、自発性の低下、意欲の減退、易怒性、不安・抑うつ、見当識障害（P.40）、徘徊（P.85）などが現れる。

第2期　混乱期

高度な表現能力障害、知的障害、失語（P.50）、失行、失認、せん妄（P.61）などが現れる。

第3期　臥床期

寝たきりとなり、失禁、拒食・過食、けいれんなどの症状があり、言葉も失われる。

こんなことMO知っておこう

＜アルツハイマー型認知症＞

老年期発症型（65歳以上）で、認知症をきたす疾患の中で一番多い疾患。大脳皮質に著しい萎縮が見られ、老人斑や神経原線維変化、神経細胞の脱落がある。神経伝達物質にも異常が生じている。

アルブミン
（英）albumin

血液中を流れるたんぱく質の一種

血液中を流れるたんぱく質の約60%を占め、体の栄養状態や老化の物差しといえる成分。水分を保持して血液を正常に循環させる浸透圧を維持し、体内のさまざまな物と結合して運搬する働きがある。低下すると褥瘡になりやすい。

こんなことMO知っておこう

<血清アルブミン値で低栄養を検査>
血清アルブミン値は高齢者の栄養状態の指標に使われる。
血清アルブミン値（基準値3.5～5.2g/dl）が、3.5g/dl以下／低栄養群、～3.9g/dl／低栄養予備群、4.0g/dl以上／良好群。

アレルギー
（英）allergy

免疫反応が体に不利に働いて起きる疾病

花粉やダニ、ハウスダスト、ある種の食物などの異物（抗原＝アレルゲン）が体内に侵入すると、その作用を抑えようと対抗する物質（抗体）の反応が起きる。その反応が異常（あるいは過度）に敏感になっている疾病をいう。

こんなことMO知っておこう

<アレルギーの病気>
○アトピー性皮膚炎○気管支喘息○蕁麻疹○アレルギー性鼻炎○アレルギー性結膜炎○花粉症○アレルギー性接触皮膚炎○過敏性肺炎○アレルギー性副鼻腔炎○気管支炎○好酸球性肺炎

い か さ た な は ま や ら わ A-W

胃潰瘍《いかいよう》

胃液などによって胃壁に傷がつき欠損した症状

胃酸などによって、胃の粘膜が傷つけられ、粘膜下組織の一部まで欠損が起きた症状。十二指腸潰瘍とともに消化性潰瘍と呼ばれる。中年以降に多く、痛みや胸やけ、膨満感などの症状が見られる。悪化すると吐血、下血することもある。

こんなことMO知っておこう

＜ピロリ菌＞

ピロリ菌（ヘリコバクター・ピロリ菌）は、強い酸性の胃酸から身を守るためにアンモニアを出して粘膜に住みつき、アンモニアや毒素によって胃の粘膜に悪影響を与え、胃潰瘍や胃がんを発症させる。

意識混濁《いしきこんだく》

一時的な状態から重度まである意識障害の一つ

意識障害 (P.15) の一つ。正常な意識は「清明《せいめい》」といい、その清明度の低下をいう。注意力がなくなりぼんやりしている軽い状態から、強い痛みにも反応がなく、精神活動が停止している重度まで段階がある。

こんなことMO知っておこう

＜高齢者の場合＞

高齢者は意識障害を生じやすく、単なる意識障害だけでなく不穏や幻覚・妄想などを伴うこともある。「ぼんやりしている」「食がすすまない」など軽度のものは見逃しやすいので注意したい。

意《い》識《しき》障《しょう》害《がい》

置かれている環境に対する認識が低下した状態

大脳皮質または皮質下の広範な障害、視床下部の病変などにより起こる障害。意識の認知機能と表出機能が低下し、重症になると外部からどんな刺激を与えても反応しなくなる。意識障害が起こった場合は救急対応が必要となる。

こんなことMO知っておこう

＜３－３－９度方式（JCS の意識レベル）＞

意識障害の評価方式の一つで、刺激に対する覚醒度から、1. 覚醒している、2. 刺激をすると覚醒する、3. 刺激をしても覚醒しないという３段階に分類さ れる。

移《い》乗《じょう》動《どう》作《さ》

生活の中での乗り移り動作（トランスファー・P.79)

日常生活に不可欠な行為で、ベッドから車イス、車イスから便器などへの乗り移りの動作のこと。 杖や松葉杖から車、乗り物への移乗、玄関の昇降、浴槽への出入りなども含まれる。移乗頻度が増すと QOL(P.123) は高まる。

こんなことMO知っておこう

＜移乗時のリスク対策＞

残存能力とボディメカニクス（てこの原理などの応用技術）や移乗動作の基本を周知してケアを行なう。移乗時のリスク（けがや転倒 (P.74)、腰痛など）の介助者の負担の少ない介助につながる。

異《い》食《しょく》行《こう》為《い》

食べ物でないものを口にする行為

食べ物とそうでない物の区別ができずに口に運んでしまうこと。認知症 (P.80) に多く見られ、判断力の低下や記憶障害 (P.32)、見当識障害 (P.40) などにより、身の回りのすべてが異食物の対象となるため、環境に配慮が必要である。

こんなことMO知っておこう

＜異食行為と認知症＞

異食行為が出始めたら、認知症がかなり進んでいる。異食した物が便といっしょに出てしまう物なのか、生命に危険を及ぼすものか、早急に判断して対応することが必要である。

イブニングケア
（英）evening care

就寝の前に行なうケアのこと

夕方から就寝までの間に、洗面、口腔ケア (P.41)、排せつ、整容などの介助を行ない、安らかな入眠を促すための一連のケアサービス。摂食障害 (P.60) などの予防の面でも大事なケアである。起床時に行なうのがモーニングケアである。

こんなことMO知っておこう

＜快適な睡眠のために＞
高齢者は夜間に目覚めやすい。室温、騒音、照明などを適切に調整して眠れる環境づくりを行なう。夜間には、脱水症状を起こさないように適度に水分補給を行なう。

イレウス（腸閉塞《ちょうへいそく》）
（英）ileus

腸が詰まったため排便や排ガスが止まる症状

何らかの原因によって腸管の通過障害が起こり、ガスや糞便などが腸内腔に充満した症状。腹痛や嘔吐 (P.25)、腹部膨満などの症状が現れる。原因には、腸の中で物が詰まったり、腸同士の癒着や変形がある。大腸がんによる閉塞も多い。

こんなことMO知っておこう

＜イレウスの要因＞
腫瘍や胆石 (P.68) などによる腸管内の異物による閉塞やがん細胞などによる外部からの圧迫などの要因で発症する。また、腹部手術後などの腸管の運動麻痺や急性腹膜炎なども原因となる。

胃《い》ろう

栄養補給のためにあけた腹部の穴（小さな口）

口から食事ができなくなった場合、腹部に穴をあけて胃までの通路を作り、そこから流動食を流し込むという栄養補給方法があり、その穴のことをいう。嚥下障害 (P.24) の改善の見込みのない人に行なわれる、医療行為もさす。

こんなことMO知っておこう

<胃ろう造設術「PEG」(P.122) >

PEG は、鼻腔栄養や静脈栄養に比べ、安定した栄養管理ができるといわれており、手術時間も短時間 (5～10 分) で、不要となれば穴をふさぐこともできる。詰まらないように定期的に交換する。

インスリン

(英) insulin

膵臓で作られるホルモン（血糖を低下させる）

膵臓で作られるホルモンで、体の細胞が血液中のブドウ糖をエネルギー源として利用したり、脂肪にして蓄えたり、たんぱく質を合成するために重要な働きをする。糖尿病 (P.76) の治療に用いられる。

こんなことMO知っておこう

<インスリンの種類>

○速効型・速効型の混合製剤／食事の 30 分前に注射する。
○超速効型・超速効型の混合製剤／食事の直前に注射する。
○持効型／ 1 日 1 回決まった時間に注射する。

インフォームド・コンセント
（英）informed consent

患者に十分な説明をして同意を得ること

医師が患者に病気の治療やリスクについて説明を行ない同意を得ること。インフォームド (informed) は「説明」、コンセント (consent) は「同意」。患者にすべてを決めさせるのではなく一緒に考える医療としてとらえられている。

こんなことMO知っておこう

＜留意点＞

○納得できるまで聞き、書面による説明を受ける。

○正確な診断名、病期、治療法、予後、QOL（P.123）を知る。

○その病院での当該疾患の治療経験や実績を尋ねる　など。

インフルエンザ

インフルエンザウイルスによる感染症

普通のかぜとは異なり、のどが痛み、頭痛、関節痛、筋肉痛など全身の症状が強く、さらに気管支炎、肺炎 (P.84) などを併発し、重症化することが多い。新型のウイルスが登場して短期間に大流行するのが特徴である。

こんなことMO知っておこう

＜主な予防法＞

予防接種のほかに、○手を洗い、うがいをする。○室温を適温にして湿度を保ち、換気もこまめにする。○睡眠、休養を十分にとる。○食事をしっかりととって水分も適度にとるようにする。

うっ血《けつ》

血液の流れが悪くなって滞ってしまうこと

静脈の血液が体のある部分(臓器や組織)に異常に多くたまった状態のこと。血液の流れが妨げられたり、心臓の働きが弱ったりしたときに起こる。うっ血のうつ(鬱)は「ふさぐ」「ふさがる」という意味である。

こんなことMO知っておこう

＜うっ血性心不全＞

あらゆる心臓疾患の末期症状として現れ、高齢者の場合は、虚血性心疾患(P.35)、心筋梗塞(P.54)、高血圧性心疾患、弁膜症(P.100)、心筋症などが考えられる。

うつ病《びょう》

一定期間持続する気分障害の一種

極度に内向して何事にも意欲を示さなくなる心の病気。認知症(P.80)と並んで高齢者の代表的な精神疾患で、症状は意欲の低下や思考の低下、自責、不眠などがある。原因は心理社会的・身体的要因など多様である。

こんなことMO知っておこう

＜うつ病と仮性認知症＞

高齢者の場合はうつ病と仮性認知症の鑑別は難しく、しっかりとした医師の診断が必要である。薬による効果もあり、診断された場合には薬物治療と精神的ケアを行なう。

運《うん》動《どう》療《りょう》法《ほう》

体の障害に対する基本的な運動のこと

体に及ぼす運動の良い効果を治療に役立たせようとするもので、慢性疾患を持つ高齢者に対して行なうリハビリテーションアプローチの一つ。生活習慣病 (P.57) に対する運動療法や整形外科的疾患に対する運動療法がある。

コラム1 こんな用語MO覚えておこう

アシドーシス acidosis	血液の水素イオン濃度が高くなり、PH 値が正常域 (7.4 ± 0.05) より下がった状態をいう。
アドボカシー advocacy	権利擁護。認知症高齢者などに対して生命や権利、利益を擁護して代弁することをいう。
アドレナリン adrenaline	副腎髄質ホルモンの一つ。心拍数、心拍出量の増加や血圧の上昇、血糖値の上昇を招く。
アミノ酸 amino acid	生体のたんぱく質を構成する成分。身体の細胞に含まれ、ホルモン、酵素の合成などに使われる。
アメニティ amenity	快適な環境。居住性を考えて、構造や設備、デザインなどに注意が払われる傾向にある。
アンフェタミン amphetamine	中枢神経系に作用する薬。気分が高揚する、眠気を抑える・疲労感を取り除くなどの作用がある。
インフォーマルケア informal care	家族や友人、地域社会、ボランティアなどによる介護。専門家によるものはフォーマルケアという。
ウェルフェア welfare	福利や幸福を意味する言葉で、一般的に日本では福祉や健康のことをいうことが多い。

栄養《えいよう》ケアマネジメント

高齢者の食能力に応じた栄養・食事指導

食べることによって低栄養状態を改善・予防するための栄養ケアを組織的に管理すること。要介護者に関する課題の把握、栄養ケア計画の作成 (栄養補給・栄養食事相談など)、実施・チェック、モニタリング (P.107) などを実施する。

栄養ケアマネジメントの目標

栄養士の仕事は限られているため、多職種協働により栄養を通じて高齢者の生活を支える。

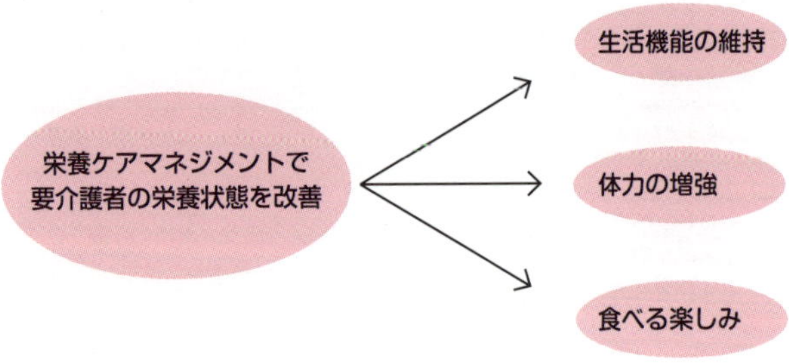

こんなことMO知っておこう

＜栄養ケア計画＞

管理栄養士または栄養士や関連職種が協力して作成し、その計画に基づいて栄養管理を行なうもの。栄養面に対するケアが明確になる。個人の特徴に十分に注意を払うことが求められる。

腋《えき》窩《か》

脇の下。上腕と胸壁に挟まれたくぼみ

上腕と胸壁に挟まれた肩関節の下にある空間で、脇の下（俗称）と呼ばれる。腋窩部には腋窩動脈、腋窩静脈、リンパ節、リンパ管など多くの血管や神経がある。腋窩の温度が中核温（身体深部の温度）と近いため体温測定に使われる。

エコー検《けん》査《さ》

（英）US Echo

エコーを受信して画像診断する超音波検査

エコーとは反響のことで、検査には人が聞き取れない高い周波数の音（超音波）が用いられる。その特性を生かして組織や臓器の状態を画像化して診断する検査のことで、放射線のように人体に対する影響がないために広く使われる。

壊《え》死《し》

生物の組織の一部分が死ぬこと

細胞や組織の一部分だけが壊れて死んでしまうこと。血液の流れが悪く、酸素や栄養が行き渡らなくなり、酸欠状態に陥った部分の細胞や組織が死滅する。感染、物理的作用、化学的作用、血行障害、神経障害などが原因でなる。

嚥《えん》下《げ》障害《しょうがい》

食べ物がうまく飲み込めない障害

食べ物や飲み物を口に入れ、咀嚼（かみ砕く）後、嚥下（飲み込むこと）が困難になること。高齢者にとって特有な病態の一つで、加齢、認知症（P.80）や寝たきりの人、脳血管障害（P.82）などによる嚥下機能の低下のある人に多い。

こんなことMO知っておこう

＜嚥下訓練＞

○間接的訓練…腹部の筋肉の訓練、口腔内の刺激を使う。

○直接的訓練…食事を使ったリハビリテーションで、いろいろな形状の食物を使い、さらに体位を変化させたりして行なう。

黄疸《おうだん》

肝臓や血液の異常で体が黄色くなること

肝臓や血液の異常のために、皮膚や眼球の白目の部分が黄色くなる症状。ヘモグロビンが変化したビリルビンという色素が増加し、皮膚や粘膜にたまって黄色くなる。疲労感や皮膚のかゆみ、発熱、尿の色が濃くなるなど他の症状を伴う。

嘔吐《おうと》

胃の内容物を口から吐いてしまうこと

胃の内容物を口から吐くことで、消化不良や腸閉塞、胆嚢炎など消化器系の病気だけでなく、肝炎や腎炎などの内臓の病気や脳の病気、頭部外傷、精神的な原因で起こることもある。毎日、食後よく吐くなどの場合は要注意である。

音楽療法《おんがくりょうほう》

音楽を利用して治療効果を得ようとする療法

音楽は心理的、生理的にも人体の機能に影響を及ぼすとされる。患者が音楽を聴くタイプと、歌をうたったり、音楽を創造して自己を表現するタイプとがある。 この療法は音楽療法士の指導のもとに行なわれるのが望ましい。

お
か
さ
た
な
は
ま
や
ら
わ
A-W

疥癬《かいせん》

疥癬虫が皮膚に感染して起こる皮膚疾患

ダニの一種・疥癬虫（ヒゼンダニ）が皮膚の角層内に寄生して皮膚を食べて卵を生んだり、糞をして炎症を起こす皮膚の病気。小さな発疹が腹部や胸、脇の下、臀部などにできて非常にかゆい。高齢者施設などで集団感染(P.51)することがある。

こんなことMO知っておこう

＜疥癬感染の防止＞
疥癬の性質を知り、二次感染の予防に努める。発疹やかゆみがある場合は速やかに医師による適切な処置を行ない、介護の際には予防衣やディスポーザブル（P.72）の手袋を使用する。

回想法《かいそうほう》

高齢者の過去の思い出による心理療法

1960年代初頭に米国の精神科医バトラーによって始められた心理療法。高齢者に人生経験を語らせることで、記憶の回復や日常生活への関心などを得ることを目的とする。過去への回想が認知症(P.80)の改善につながるとされている。

こんなことMO知っておこう

＜話を聴くときの心がけ＞
話の自然な流れをできるだけ止めないで、自然と出てくる話に耳を傾けて相槌を打つ。興味本位な内容や無理に聞き出そうとしないよう気をつける。辛い体験には入り込みすぎないようにする。

外反母趾《がいはんぼし》

親指が変形して小指のほうに曲がっている状態

親指の付け根が外側を向き、第一足趾骨頭が内側に向いた状態。主に足の横アーチを形成している中足関節の靭帯が緩んでしまうことが原因である。痛みを伴う疾患で、男性より女性に多いのは靴のせいや女性のほうが筋力が弱いためである。

カウンセリング

（英）counseling

相談や援助行動などによる心理的支援の提供

英語のカウンセル（counsel）の名詞形で、広くは「相談」「助言」という意味。幅広く使われているが、心理的な悩みや葛藤、苦痛、相談についての解決援助を目的とする心理カウンセリングを指すことが多い。

喀痰《かくたん》

咳とともに吐き出される痰（気道内分泌物）

呼吸器系の粘膜からしみ出る分泌物（痰）で、粘液性、膿性、血性、漿液性《しょうえきせい》などがある。高齢者の場合には喀痰がたまったまま食事をすると嚥下障害（P.24）になりやすい。喀出が不十分な場合は呼吸困難になるので吸引する。

カテーテル
（英）catheter

医療用に使われる中空の柔らかい管

医療検査や治療に用いられる中空の柔らかい管のことで、用途により太さや材質はさまざまである。胸腔や腹腔などの体腔、尿管や消化管などの管腔部・血管などに挿入し、体液の排出をはじめ、薬液や造影剤などの注入・点滴に用いる。

緩《かん》下《げ》剤《ざい》

便秘解消に用いる作用が緩やかな下剤

下剤の穏やかなタイプ（強力なタイプは峻下剤）で、栄養素や水分の吸収を邪魔することなく便通をよくする。高齢になると消化機能が低下し、食事の量が減るなどして便秘になりやすいが、投与は習慣にならないように短期間に行なう。

肝《かん》硬《こう》変《へん》

肝臓が硬くなって働きが悪くなった状態

「肝」は肝臓、「硬変」は硬く変わることで、肝細胞が壊れて結合組織が増生して硬くなった状態。高齢者では自覚症状がほとんどない。進行すると、黄疸（P.25）、浮腫（P.97）、腹水、肝性脳症、肝臓の腫れなどの症状が現れる。

カンジダ
（英）candida

口の中などの粘膜に住むかび（真菌）の一種

酵母様真菌類の一種。カンジダ・アルビカンスが最も病原性が強く、口腔や咽頭、消化管、気道、外陰部などに常在している。体力や抵抗力の低下、抗生物質 (P.43) の長期使用などで感染症 (P.30) を引き起こす。

こんなことMO知っておこう

＜口腔カンジダ症＞

口腔内で発症するカンジダによる感染症（日和見感染：P96）で、免疫力が低下した高齢者に多く見られる。栄養や運動とともに、口腔ケア（P.41）で清 潔にするよう心掛ける。

感《かん》情《じょう》失《しっ》禁《きん》

感情をコントロールできない状態のこと

感情の調整がうまくいかずにささいなことで怒ったり、泣いたり、笑ったりする現象。脳動脈硬化症や脳梗塞 (P.82)、認知症（P.80）の人によく見られる。「泣く」という行為で現れることが多い。情動失禁ともいう。

こんなことMO知っておこう

＜涙の役割＞

涙は目の表面（角膜・結膜）への栄養補給、まぶたを円滑に動かす潤滑材であり、細菌や紫外線から目を守ってくれる。涙の分泌には自律神経（交感神経と副交感神経）がかかわる。

あ か さ た な は ま や ら わ A-W

関節《かんせつ》リュウマチ

主に手足の関節が自己免疫で侵されて腫れて痛む疾患

関節痛や関節の変形が生じる炎症性自己免疫疾患で、時には血管や心臓、肺、筋肉、皮膚などの全身にも障害が及ぶ。体質や免疫、環境などが発症の原因とされるが、不明なことが多く、進行すると寝たきりになることが心配される。

感染症《かんせんしょう》

病原体が体に進入して引き起こされる疾患

病原体（微生物）が人の体に侵入して感染を起こす病気。伝染性感染症（伝染病）と非伝染性感染病（膀胱炎や破傷風など）がある。高齢者では発熱などの症状が現れないことがある。高齢者施設では集団感染（P.51）に注意する。

患側《かんそく》

受傷などで片麻痺の状態になった不自由な側

脳血管障害 (P.82) などによって麻痺 (P.103) が生じた際、使いにくい麻痺のある体側をいう。受傷していない体側を健側 (P.39) といい、健側で支持と運動の両方をしなくてはならないため、安定した姿勢や動作が難しくなる。

緩和《かんわ》ケア

病気に伴う痛みを和らげる医療

病気が重くなって治る見込みがなく、治療法もなくなった場合、患者の痛みや家族の悩みを緩和するために行なう各種ケア。医師や看護師、薬剤師や栄養士、理学療法士（P.111）、作業療法士（P.48）、介護職などが協力して行なう。

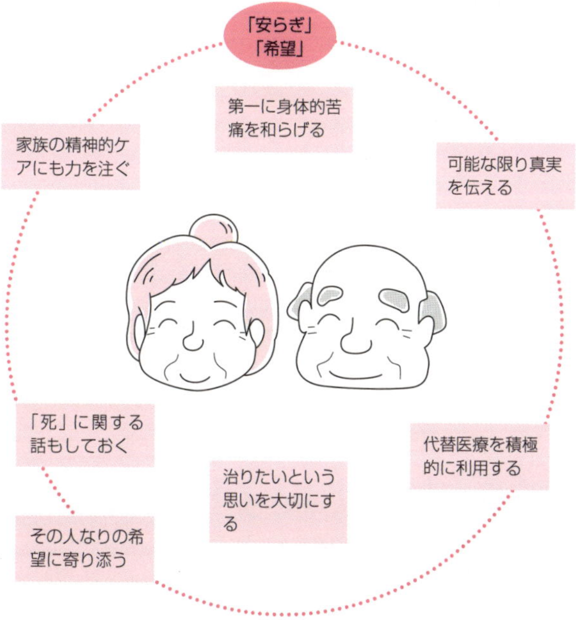

記《き》憶《おく》障《しょう》害《がい》

記憶喪失や記憶能力に障害をきたした状態

記憶に関する能力の障害が生じた状態で、認知症（P.80）や脳損傷後の後遺症でよく見られる。新しいことを覚える記銘力の障害、思い出す力が低下する再生力の障害、過去の記憶を忘れる記憶保持の障害などがある。

こんなことMO知っておこう

＜もの忘れ外来＞
もの忘れが気になっている人のための外来。大部分が年齢相応の自然な老化であるが、何か脳の病気があるのではないかと悩む人を対象に治療をする。

機《き》能《のう》回《かい》復《ふく》訓《くん》練《れん》

損なわれた身体機能を回復させるための訓練

老化や疾病などで心身の機能が低下した場合、機能を回復させるために行なう訓練（練習）。リハビリテーションと同義で、運動療法(P.21)、ADL(P.117) 訓練などがある。介護予防目的にも行なわれる。

こんなことMO知っておこう

＜機能回復訓練のための資格＞
機能回復を図ったり、意欲を向上させたりするための訓練や施術を行なう資格には、理学療法士（P.111）、作業療法士（P.48）、言語聴覚士、視能訓練士、義肢装具士(P.36)などがある。

気《き》道《どう》確《かく》保《ほ》

空気が肺まで通るようにする救急時の処置

気道とは空気が鼻・口から肺に達するまでの空気の通り道のことで、意識がなくなると舌の根元や吐いた物をのどに詰まらせて気道をふさぐことがあり、気道を確保する必要がある。救急時の最優先的処置である。

頭部後屈あご先挙上法

下あごを上げて反らす

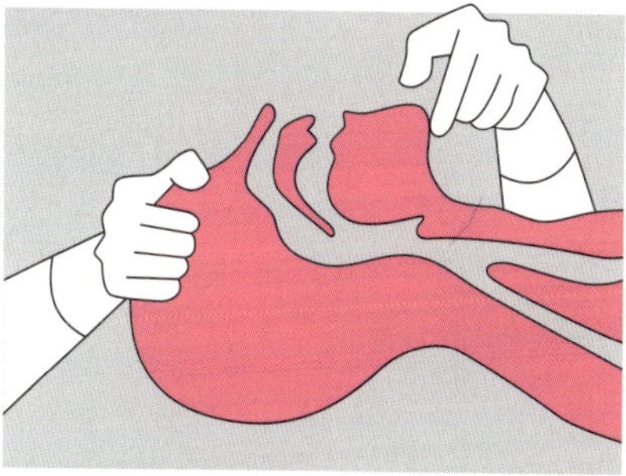

片方の手を患者の前額部に当てて頭部を後屈させるとともに、下あごに指を掛けて持ち上げます。

こんなことMO知っておこう

<気道確保の注意点>

吐いたものを詰まらせて窒息しないように、相手を横向きにし、痙攣しているときは、舌を噛まないようにタオルなどを口の中に入れ、吐いたときは吸引器かガーゼなどを指に巻いて取り除く。

逆《ぎゃく》流《りゅう》性《せい》食《しょく》道《どう》炎《えん》

胃酸が逆流して食道に炎症が起こる疾患

いわゆる「胸焼け」で、食道裂孔ヘルニアや腹圧の上昇で胃酸が食道に逆流し、加齢による蠕動運動の低下のため食道内に滞り、食道粘膜に炎症を起こす。慢性化すると食道がんの原因となる。

仰《ぎょう》臥《が》位《い》

仰向けに寝ている基本的姿勢のこと

基本的な体位の一つで仰向けのこと。日常的には就寝時や休息時に用いられる体位。臨床的には診察時や救急処置、手術時の体位として一般的である。横向き姿勢は側臥位(P.62)、うつぶせ姿勢は伏（腹）臥位という。

狭《きょう》心《しん》症《しょう》

心臓の筋肉への血のめぐりが悪くなること

動脈硬化(P.76)や冠状動脈の縮小などによって心臓の筋肉(心筋)の血の巡りが悪くなり、胸の部分に締めつけられるような痛みが起こる心疾患の一つ。身体的労作や精神的な興奮で誘発されるが、特別な誘因なしで起こる「安静時狭心症」も見られる。

胸痛《きょうつう》

さまざまな原因によって起こる胸部の痛み

胸の痛みの総称で、原因は多岐にわたる。循環器系や呼吸器系疾患によることが多く、ほかに消化器系、胸壁性、整形外科系、心因性疾患によるものがある。激しい痛みが起きた場合は心筋梗塞が疑われるので、迅速な対応が必要である。

虚血性心疾患《きょけつせいしんしっかん》

心臓の筋肉が虚血状態となる疾患

心臓の筋肉（心筋）への血液の供給が虚血（減ったり途絶えたりする）状態となる疾患。心筋の冠状動脈が完全に詰まってしまうのが心筋梗塞 (P.54) で、冠状動脈が細くなって心筋が一時的に酸素不足に陥るのが狭心症 (P.34) である。

筋萎縮症《きんいしゅくしょう》

筋肉が萎縮するすべての疾患の総称

筋肉が萎縮するすべての疾患の総称で、代表的な疾患に進行性の筋萎縮性側索硬化症《きんいしゅくせいそくさくこうかしょう》がある。進行の速さはいろいろで、脱力で始まり、筋力低下が進行して、ろれつが回らなくなったり、嚥下障害 (P.24) や呼吸困難が現れたりする。

くも膜《まく》下《か》出血《しゅっけつ》

脳を保護するくも膜下で起きる出血

脳は三層の膜に覆われ、頭蓋骨と脳の間のくも膜と軟膜の間にできた動脈瘤が破裂した出血。突然の激しい頭痛が特徴で、嘔吐 (P.25)、意識障害 (P.15)、てんかんなどの症状を伴う。すぐに脳神経外科で適切な処置を受ける必要がある。

コラム 2 こんな用語 MO 覚えておこう

エストロゲン estrogen	女性ホルモンの一つで、この分泌低下は更年期の症状や骨量減少と関係している。
壊疽 えそ	壊死の一種で、広範な筋肉の感染症。黒変して悪臭を放つ。凍傷や血行障害などによって起こる。
エンパワーメント empowerment	個々が持つ隠れた潜在能力を引き出すこと、自ら問題解決に向かえるように援助する。
O-157 おーいちごーなな	大腸菌の代表的な細菌。大腸菌はO抗原で分類され、187 種のうち 157 番目であることを表す。
義肢装具士 ぎしそうぐし	医師の処方に従って義肢やコルセットなどの装具を製作する専門職（国家資格）。
基礎代謝量 きそたいしゃりょう	人間が 1 日生活して活動するために最低限必要なエネルギー量。
ギャッチベッド	ベッドの背やひざの上げ下げや高さ調節が電動または手動でできる介護用のベッド。
禁忌 きんき	障害者や病人がしてはいけないこと。禁忌薬は病気によって使用してはいけない薬。

ケアカンファレンス
(英) care conference

症例検討会や臨床検討会やのこと

カンファレンスは、協議、会議のことで、ケアプランの作成や見直しにあたって、ケアマネジャーや各介護サービスの担当者が集まる会議のこと。介護保険制度においては「サービス担当者会議」と呼ばれる。

こんなことMO知っておこう

＜ケアマネジャー（介護支援専門員）＞
2000 年 4 月に施行された「介護保険法」に基づく資格。介護保険において要支援・要介護と認定された人に対し、アセスメントに基づいたケアプランを作成し、ケアマネジメントを行なう。

経管栄養《けいかんえいよう》

消化管に栄養を直接注入する栄養補給法

嚥下障害 (P.24) で口から食物を摂取できない場合、鼻腔か腹部にチューブを入れて栄養を補給することで、施術して栄養維持を図る。胃に穴をあけてチューブを直接入れる方法を胃ろう (P.18) 栄養法という。

こんなことMO知っておこう

＜流動食（流動性の栄養物）＞
経管栄養でなければ摂取できないときや、消化器系に損傷があったときに使用する流動性の栄養物 (水分含有量の多い)。負担の少ない状態で高カロリー・高栄養が摂取できる。

経口摂取《けいこうせっしゅ》

口から飲食物をとること

口から飲食物をとることで、その不足によって高齢者は脱水状態になりやすい。特に終末期には摂食能力の低下などで栄養管理が難しくなる。経口摂取ができない場合は点滴や経鼻管・消化管からの経管栄養 (P.37) で栄養を補給する。

下血《げけつ》

血液が肛門から出ること

肛門からの出血で、多くは排便に混じって見られる。全消化管が出血の原因になり、タール便は食道から小腸、暗黒褐色便は上部小腸から結腸、鮮血便は下部小腸から肛門の出血と考えられる。

血小板《けっしょうばん》

血液に含まれる細胞成分の一種

血液中の細胞成分の一つで、血管が損傷したときにその傷口をふさいで出血を止める作用を持つ。通常の血液中には、20 万～ 40 万個 /mm^3 含まれている。寿命は 3～10 日で、寿命が尽きると主に脾臓で破壊される。

血糖値《けっとうち》

血液中の糖質（ブドウ糖）の濃度

血液には一定量の糖質（ブドウ糖）が含まれており、その濃度のこと。空腹時の血糖値は80～100 mg /dl。ブドウ糖は人間に必要なエネルギー源で、血糖を下げるインスリン (P.18) と血糖を上げるグルカゴンなどのホルモン作用によって調節されている。

下痢《げり》

水分の多い便が液状で排出される状態

液状や液状に近い半流動状の糞便の排せつ。食べ物が十分に消化されなかった場合や食あたりのときなどに起こる。腸管自身の疾患による原発性下痢と、ほかの疾患の部分的症候として起こる続発性下痢とに分けられる。

健側《けんそく》

片麻痺（まひ）で障害を受けていない側

左右対称性のある臓器や人の脚や手などの片方が病気のとき、病気に侵されていないほうのことを指す。機能障害などで左右を比較する際に用いられる。片麻痺のあるほうを患側 (P.30) と呼ぶ。

あ
け
さ
た
な
は
ま
や
ら
わ
A-W

言《げん》語《こ》障害《しょうがい》

言語によるコミュニケーションに障害がある状態

大脳の言語中枢が損傷を受け、聴く・話す・読む・書くという言語能力が障害された状態。その機能の維持向上訓練を提供する専門職が言語聴覚士 (ST：P.123) である。症状が進むと発語発声ができなくなり、意思伝達が難しくなる。

こんなことMO知っておこう

＜言語障害の種類＞

○失語症（P.50）…大脳中枢の損傷による。○構音障害…口唇や舌などの麻痺による。○聴覚障害…聞こえにくい。○音声障害…声が出ない。○言語発達遅滞…言語発達の遅れ。○吃音…言葉が詰まる。

見当識《けんとうしき》

自分が置かれている状況認識ができること

自分が置かれている場所や時間、環境を把握する認識能力で、その能力が障害されることを見当識障害という。認知症 (P.80) に顕著に見られ、失語・失行・失認といった障害に進むと、日常生活に支障をきたすようになる。

こんなことMO知っておこう

＜見当識障害＞

○時間の見当識障害…季節や日付、朝・夜などが認識できない。

○場所の見当識障害…現在いる場所やすまいが認識できない。

○人物の見当識障害…家族や周囲の人たちを認識できない。

口腔《こうくう》ケア

口の中を清潔にするための衛生ケア

口腔衛生の改善のためのケアで、歯垢や歯石の除去、義歯の手入れや調整、簡単な治療まで含められることが多くなっている。高齢者の疾病予防や機能回復訓練 (P.32)、健康の保持増進、QOL(P.123) の向上につながる。

汚れやすいところ

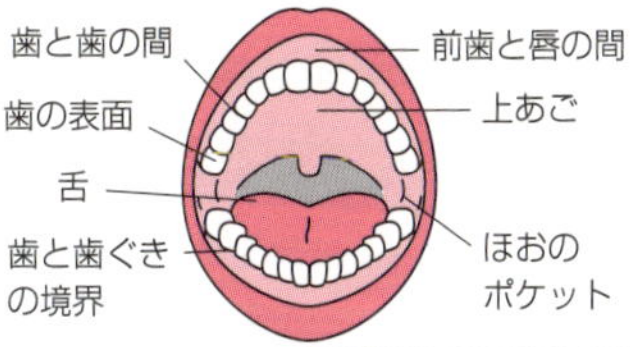

歯だけでなく、舌やほおの内側も汚れがたまっていないかチェックする

こんなことMO知っておこう

＜経管栄養（P.37）を受けている人の場合＞

唾液の分泌量が低下するために自浄作用が低下し、口腔内は汚れやすくなり、口臭もしやすい。口腔内は乾燥しているため、お湯を含ませたスワブで口腔内を湿らせてから歯ブラシで清掃する。

高血圧症《こうけつあつしょう》

基準値以上に高い血圧状態が続く疾患

血圧とは心臓が血液を全身に送り出す際の血管（動脈）内の圧力のことで、高血圧症とは血管に異常に高い圧がかかる状態。ほうっておくとさまざまな合併症を引き起こす。原因不明の本態性高血圧が全体の95%を占める。

拘縮《こうしゅく》

筋肉や関節が硬くなって動かなくなること

関節の靭帯などが硬くなり、関節の動く範囲が制限された状態。寝たきりになると拘縮しやすく、進めば四肢が変形したり、褥瘡（P.52）の原因になったりする。体を動かすことが予防策で、寝たきりでは定期的に体位交換を行なう。

甲状腺《こうじょうせん》

のどぼとけの下にある気管の前に付いている器官

のどぼとけ（甲状軟骨）の下で、気管の前に付いている内分泌器官の一つ。体の新陳代謝の働きをよくする甲状腺ホルモン（サイロキシン）を分泌する。主な甲状腺疾患にサイロキシンの過剰な分泌によって引き起こされるバセドウ病がある。

抗生物質《こうせいぶっしつ》

病気治療に使われるカビが作る化学物質

カビや細菌（微生物）が作った化学物質。口から入った抗生物質は小腸で吸収されて血液の中に入り、炎症を起こしている場所で作用して細菌を退治してくれる。ペニシリン系の抗生物質などいろいろな種類と使い方がある。

こんなことMO知っておこう

＜抗生物質の種類＞
ペニシリン系、セフェム系、マクロライド系、テトラサイクリン系、ホスホマイシン系などいくつかの種類に分かれる。種類によって撃退するのが得意な菌が決まっている。

行動障害《こうどうしょうがい》

認知症高齢者などが示す異常な行動

認知症高齢者や自閉症児などが示す特異な行動。認知症の場合、徘徊 (P.85) や失禁、乱暴、不潔行為、異食行為 (P.16) などが見られる。何らかの動機や理由、脳障害などが考えられるため、理解と対処を要する。問題行動とも呼ばれてきた。

こんなことMO知っておこう

＜コミュニケーションの工夫＞
○要望や反応を受け止め、注意を他にそらす。
○理解し合えるという人間関係へと発展させる。
○カードなどの道具を利用してその人に合った方法を試みる。

誤《こ》嚥《えん》

飲食物などが誤って気管に入ってしまうこと

飲食物などが誤って気管に入ってしまうことで、飲み込む力が弱かったり、飲み込む神経の働きが悪かったりすると起こしやすい。脱水、急性疾患などの体調変化や寝たきり、意識障害（P.15）時に多く、窒息や肺炎（P.84）の原因となる。

○正しい飲み込み

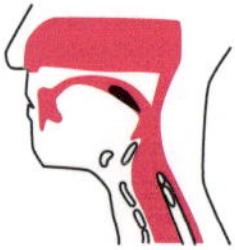

飲み込み第一期
〈口腔期〉
食塊（※）をのどに送り込む時期

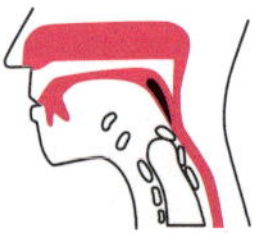

飲み込み第二期
〈咽頭期〉
「ごっくん」と飲み込む瞬間の時期

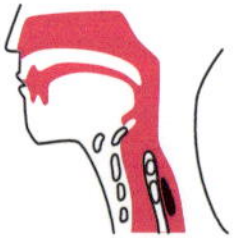

飲み込み第三期
〈食道期〉
食道に入った食物が胃へと送り込まれる時期

※食塊…食べ物を飲み込みやすい形にしたもの

×謝った飲み込み

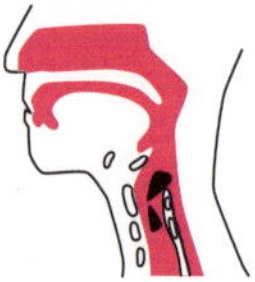

老化や病気のために、飲み込む力が弱くなったり、感覚の低下であやまって水分や食物が気管に入ったり、むせたりする。中には、気管に水分が入っても気づかず、肺炎になってしまうことがある。

こんなことMO知っておこう

＜誤飲とは＞
魚の骨や肉の塊、義歯、毒物などを誤って、咽頭、食道、胃内へ飲み込んでしまうこと。潰瘍や穿孔の危険性があるため迅速に取り除く。毒物誤飲は認知症の人に多く見られる。

骨折《こっせつ》

骨の強度以上の外力が加わった骨の損傷

骨が持つ強度以上の外力が加わり、ひびが入ったり、折れたりした状態。骨がもろくなった高齢者は、転倒（P.74）したただけで骨折を起こすことが多い。寝たきりの原因として、脳血管障害（P.82）や老衰に次ぐものとして骨折がある。

こんなことMO知っておこう

＜骨折の分類＞

○外傷骨折…健康な骨に対して外力が加わって起きる。

○疲労骨折…健康な骨に繰り返し外力が加わり疲労して起きる。

○病的骨折…疾病によって骨の健康性が失われたことで起きる。

骨粗鬆症《こつそしょうしょう》

骨量が減少して骨折しやすくなった状態

骨のカルシウム量が減少して骨がスポンジのように粗くなり、骨折しやすくなる病気。高齢者や閉経後の女性に多く発症する。脊椎が圧迫骨折して腰が曲がると、胃もたれ、胸焼け、息切れなど内臓に障害が出てくる。

こんなことMO知っておこう

＜骨粗鬆症と栄養素＞

加齢とともにカルシウムや骨の栄養に必要なビタミンDなどの吸収が悪くなり、骨の密度は低下していく。予防のためには日ごろから適度な運動や日光浴を行なう。

コレステロール

臓器に含まれる脂質の一種

肝臓や脳、脊髄などに多く含まれる脂質で、肝臓、小腸などで作られるとともに、食物からも吸収される。細胞膜の構成成分となったり、ホルモンの原料となったり、胆汁酸の原料となって脂質の消化吸収にかかわる。

コラム3 こんな用語MO覚えておこう

血栓 けっせん	血管の中で凝固した血液。脳の動脈にできると脳血栓、心臓の冠状動脈にできると心筋梗塞を引き起こす。
降圧剤 こうあつざい	高血圧治療薬。β遮断薬、利尿薬、ACE阻害薬、ARB、カルシウム拮抗薬などがある。
構音障害 こうおんしょうがい	脳卒中が原因で正しく発声できない状態。ろれつが回らず、言いたいことが相手に伝わらなくなる。
膠原病 こうげんびょう	血管や関節、内臓などにある組織が、免疫反応により攻撃されて炎症や変性を起こす病気。
コンプライアンス compliance	法令遵守の意味。介護保険法指定基準の遵守や、処方どおりに行なう服薬コンプライアンスがある。
残存能力 ざんぞんのうりょく	障害をもっていても残された他の機能を発揮することができる能力をいう。
宿便 しゅくべん	残留物が腸壁にこびりついた便のこと。増えると栄養分の吸収力を弱め、さまざまな病気を引き起こす。
心肺蘇生法 しんぱいそせいほう	心臓や呼吸が停止したときに心肺活動を再開させるための救急救命処置。CPR。

座《ざ》位《い》

ほぼ 90 度に上半身を起こした体位

座ったままの姿勢を保つこと。高齢になっても重い疾患や全身の拘縮 (P.42) などでない限り、座位で生活をすることが望ましい。足を長く伸ばして座っている姿勢を長座位、ベッドの端に腰をかけ足を下ろした体位を端《たん》座位 (P.67) という。

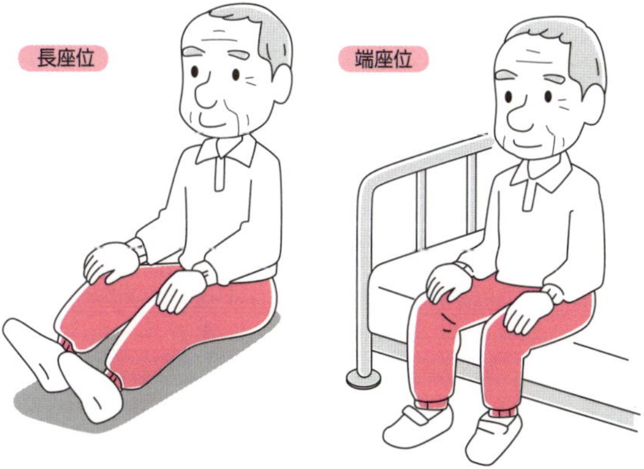

○筋力低下の人は座位保持ができない。
○座位姿勢で筋力をつける。

こんなことMO知っておこう

＜座位の種類＞
長座位や端座位のほか、椅座位、半座位（ベッド上の上半身を 45 度程度上げる）、起座呼吸の体位（直起座位・前倒れで机上に枕などで上半身を支える）、正座、あぐらなどがある。

あ か さ た な は ま や ら わ A-W

細菌感染症《さいきんかんせんしょう》

大腸菌などの細菌による感染症のこと

細菌によって引き起こされる感染症（P.30）。MRSA、緑膿菌、結核菌、サルモネラ菌などの食中毒菌、腸管出血性大腸菌 O-157、レジオネラ菌（P.113）、腸内細菌などがある。免疫力が低下した高齢者は容易に感染症にかかる。

作業療法士《さぎょうりょうほうし》

（略）OT（P.122）

障害のある人に対して作業療法を行なう国家資格者

医療・福祉の専門職。作業療法とは医師の指示のもとに「身体又は精神に障害のある者に対し、主としてその応用的動作能力又は社会的適応能力の回復を図るため、手芸、工作その他の作業を行なわせる」（厚生労働省）

酸素療法《さんそりょうほう》

（略）HOT

呼吸異常のある患者に機械で酸素を与える治療

動脈血中の酸素濃度が低下した慢性呼吸不全患者のための酸素吸入治療法。HOT(Home Oxygen Therapy：P.120)は酸素吸入器具で行なう在宅酸素療法。「特別な医療に関する項目」（介護保険認定基本調査）で評価されている。

C 型《がた》肝《かん》炎《えん》

C 型肝炎ウイルス感染で引き起こされる肝炎

C 型肝炎ウイルスの感染で肝臓が炎症を起こす病気。A 型・B 型に比べて症状は軽いが、進行すると肝硬変 (P.28) を経て高い確率で肝臓がんになる。 感染経路としては血液製剤や複数の人に注射した針での予防接種などがある。

脂《し》質《しつ》異《い》常《じょう》症《しょう》

中性脂肪などの脂質代謝に異常をきたした症状

血液中の脂質が増えた状態が続いて起きる異常症状。血液中のコレステロール (P.46) や中性脂肪 (P.71) など脂質の数値で診断され、ほうっておくと血管の動脈硬化が進み、重大な病気を引き起こす。「高脂血症」とも呼ばれる。

こんなことMO知っておこう

<新基準>2007 年 4 月改訂

脂質異常症の診断基準 (空腹時採血)

高 LDL コレステロール血症	LDL コレステロール	140mg/dl 以上
低 HDL コレステロール血症	HDL コレステロール	40mg/dl 以下
高トリグリセライド血症	トリグリセライド	150mg/dl 以上

※診断基準は薬物療法の開始基準を表記しているものではない。

※薬物療法の適応に関しては他の危険因子も勘案し決定されるべきである。

自助具《じじょく》

体の不自由な人の自立を助ける道具

体が不自由な人が自立して生活できるよう工夫された補助用具。自助具という言葉は、Self Help Device の訳語で、自分を助ける道具という意味。特に握りやすい箸やフォークなど手指・手首の障害に役立つ物が多い。

こんなことMO知っておこう

＜自助具を選ぶ＞
食事や入浴、排せつに関するものから身だしなみや家事まで、日常の動作に役だつ自助具が多数販売されている。介護者のようすや病気、障害の程度などを把握して最適なものを選ぶ。

失語症《しつごしょう》

外傷や疾患による言語機能の障害のこと

大脳の言語中枢が外傷や疾患によって損傷されて生じる言語障害 (P.40)。発症以前に獲得していた言語を話すことや、読み書きができなくなるが、記憶力や判断力がなくなったわけではなく、リハビリテーションである程度まで回復が望める。

こんなことMO知っておこう

＜失語症の鑑別＞
機能評価や CT、MRI 画像診断などで言語野の損傷の有無などによる鑑別が広く行なわれている。認知症と勘違いされやすいが、言語機能が失われただけで人格などは発症前の状態と同じである。

集団感染《しゅうだんかんせん》

同感染源から多くの感染者が出ること

同一の感染源で 2 家族以上 (20 人以上) が発症した感染症 (P.30)。特に免疫機能の低下した高齢者の間で容易に感染が連鎖していく。手洗いの敢行などによる感染源の排除や感染経路の遮断、各感染の特徴に応じたケアが必要である。

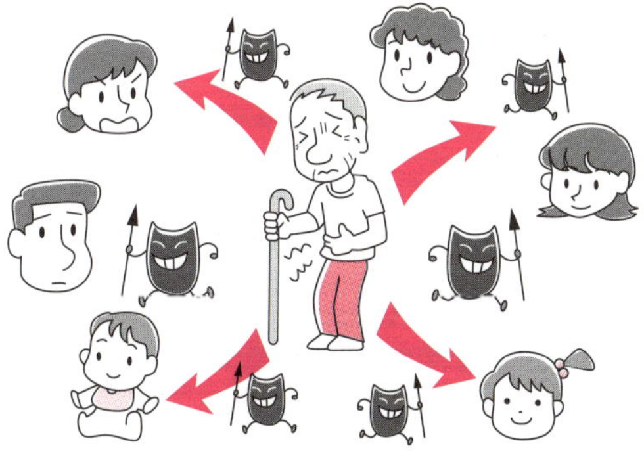

＜集団感染を起こす可能性のある感染症＞
○インフルエンザ (P.19) ○結核○ノロウイルス感染症 (P.83) ○肺炎球菌感染症○大腸菌感染症○レジオネラ症○ノルウェー疥癬○肺炎球菌感染症○ MRSA 感染症○緑膿菌感染症　など。

こんなことMO知っておこう

＜予防するために＞
○外出後や排せつ後、介護後などは手洗いを行なう。
○排せつ物、嘔吐物の適切な処理
○施設内、手の触れる物、リネン類などの適切な消毒をする。

褥瘡《じょくそう》

体の一部分が長時間の圧迫を受けて壊死した状態

体の一部分に長時間の圧迫を受けることによって血流が悪くなり、組織が壊死した状態になることで、床ずれともいう。体位交換 (P.64) やエアーマットなどでの全身管理、血流の改善、低栄養対策、感染対策で予防する必要がある。

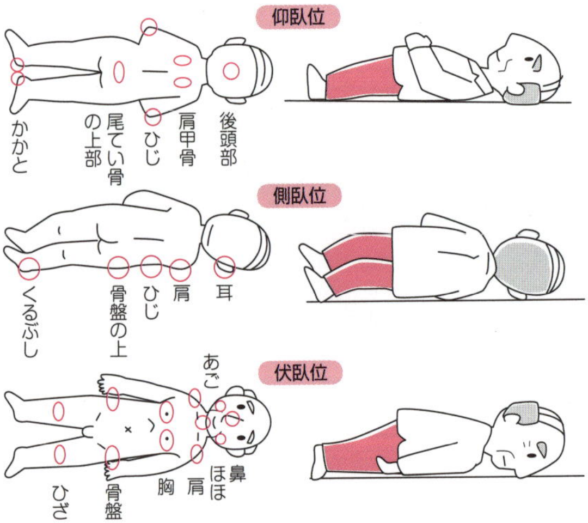

こんなことMO知っておこう

＜褥瘡と栄養管理＞

一時的に高たんぱく質の食事を摂取すると褥瘡の改善が見られる。体圧管理だけでなく、個々の症例に合った適切な栄養管理が有効であり、合併症の予防にもつながる。

徐脈《じょみゃく》

脈が遅くなる不整脈 (心拍数が毎分 60 回以下)

通常 1 分間の脈拍が 60 回未満になる不整脈 (P.97)。十分な血液や酸素を供給できずに心房と心室が収縮しなくなり、安静時や軽い労作でも、息切れやめまいをなどが起きる。老化現象、遺伝性心異常、洞不全症候群が一般的原因とされる。

自立支援《じりつしえん》

心身に障害をもった人の自立を促す支援

高齢者や心身に障害のある人の自立を促して支援すること。社会参加を促進したり、QOL(P.123) を高めるようにするもので、判断能力が不十分な認知症高齢者などのために日常生活自立支援事業 (厚生労働省) がある。

人工透析《じんこうとうせき》

機能の落ちた腎臓の代わりに血液の浄化を行なう方法

慢性腎不全によって尿毒素に汚染された血液を浄化して、体内に戻す方法。生命を維持していくためにこの方法か腎臓移植の選択しかない。透析器を使用した血液透析と自己の腹膜を利用する腹膜透析の 2 種類がある。

心筋梗塞《しんきんこうそく》

心筋が虚血状態になって壊死してしまう疾患

心臓の筋肉（心筋）へ酸素や栄養を送っている血管（冠状動脈）に血液が流れなくなり、一部の心筋が死んでしまう病気。高齢者の場合は痛みなどの症状の出ないこともある。突然死するケースもある。

こんなことMO知っておこう

＜痛みの症状＞
胸が締め付けられたような痛みや刺されたような痛みが突然現れる。痛みの場所は、胸の真ん中に起こることが多く、ほかには胸の左側、胸全体、胸の右側、みぞおちなど。

神経痛《しんけいつう》

手足や関節、体の各部位が痛む疾患

老化による筋肉の硬直やかぜ、外傷などの原因で特定の末梢神経が刺激されて起こる痛み。手足や関節、全身で起こり、鋭い痛みが不規則な間隔で繰り返されるが、長時間続くことはあまりない。原因不明な特発性の場合もある。

こんなことMO知っておこう

＜神経痛の種類＞
三叉（さんさ）神経痛、坐骨（ざこつ）神経痛、肋間（ろっかん）神経痛、後頭（こうとう）神経痛などがある。

身体拘束《しんたいこうそく》

転倒・転落の事故を防ぐための四肢の拘束

利用者自身や他の人に生命または体を保護するために何らかの拘束や行動制限をすること。徘徊(P.85)や点滴(P.73)事故を防ぐためにベッドなどに縛ったり柵で囲んだり（4本柵)、介護衣を着せたりする行為をいう。身体拘束ゼロを目ざす。

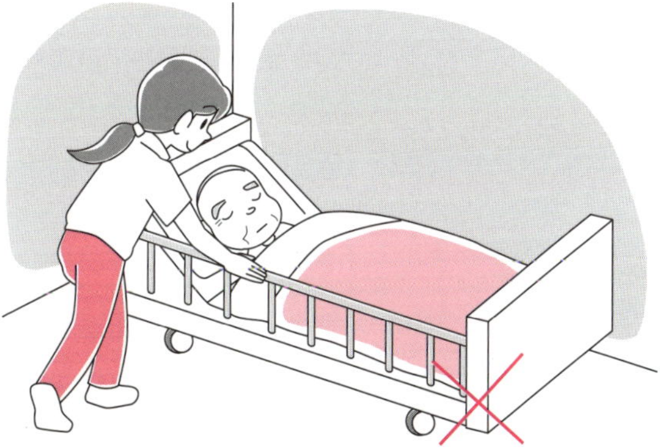

拘束しないために、センサー付きマットを導入するなどの方法を取り入れ、緊急やむを得ない場合の拘束は家族の同意を得る。

こんなことMO知っておこう

＜身体拘束の弊害＞
○関節の拘縮、筋力の低下、褥瘡(床ずれ)(P.52)の発生など。
○食欲低下、抵抗力低下、心肺機能低下、意欲低下など。
○人権侵害やQOL(P.123)の低下など

睡眠障害《すいみんしょうがい》

睡眠に関して量的・質的に問題のある障害

睡眠の量と質が問題となる障害で、不眠症もその一つ。高齢者の睡眠は浅くて目覚めやすく、不眠の症状が出やすい。原因となる心身の不調や障害を除き、睡眠・覚睡リズムを正すことが必要で、昼間の活動量を増やすようにする。

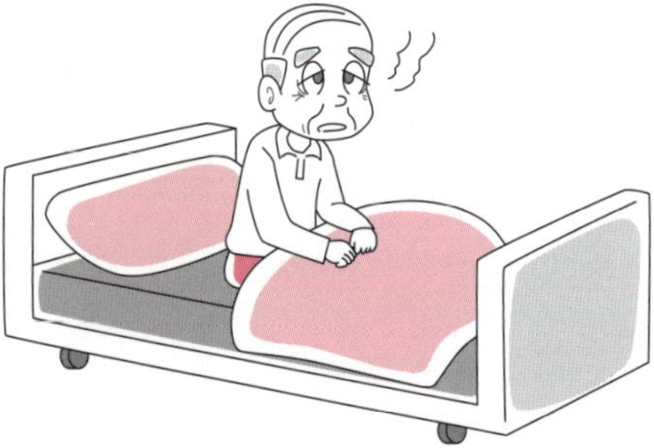

<障害の種類>

○入眠障害…寝つきが悪い。（不眠の中でもっとも多い）
○中途覚醒…何度も目が覚める。（高齢者の生理的な傾向）
○早期覚醒…早く目が覚める。（高齢者に多い）
○熟眠障害…熟眠感がない。（熟睡していても眠れなかったと訴える）

こんなことMO知っておこう

<睡眠障害の予防>

睡眠中の激しいいびきや無呼吸には注意する。同じ時刻に起床し、目が覚めたら日光を取り入れて体内時計をリセットする。規則正しい食事、規則的な運動習慣を心がける。

生活習慣病《せいかつしゅうかんびょう》

不健康な生活を長年続けたために起こる病気

食生活や喫煙、飲酒などの生活習慣がもたらす病気。不健康な生活習慣で発病する。生活を改善することで予防でき、進行を抑えることができる。糖尿病 (P.76) や動脈硬化 (P.76)、高血圧症 (P.42)、脂質異常症 (P.49)、痛風、肥満などが含まれる。

こんなことMO知っておこう

生活習慣病は 40 代から 60 代に発症することが多いことからかつては成人病と呼ばれていた。慢性疾患は加齢とともに発症率が高くなるが、生活習慣の要因が大きい。

＜三大生活習慣病＞

◎がん◎脳卒中 ◎心臓病

＜高齢者に見られる主な生活習慣病＞

○動脈硬化 (P.76) ○高血圧症 (P.42) ○脂質異常症 (P.49) ○糖尿病 (P.76) ○心筋梗塞 (P.54) ○狭心症 (P.34) ○脳血管障害 (脳梗塞 (P.82)・脳出血・くも膜下出血 (P.36)) ○癌○痛風○胆石 (P.68) ○歯周病○骨粗鬆症 (P.45) など。

清拭《せいしき》

体の清潔を保つためにきれいに拭くこと

入浴の代わりに体を拭いて清潔にすることで、病気で安静が必要なときや入浴できない要介護者に行なう。全身清拭と部分清拭がある。衛生と皮膚への刺激、気分転換、精神の安定を図るのに有効である。褥瘡 (P.52) の予防にも役だつ。

＜手際よく行なうために＞
事前にタオルや着替えなどを準備し、拭く順番を決めておく。

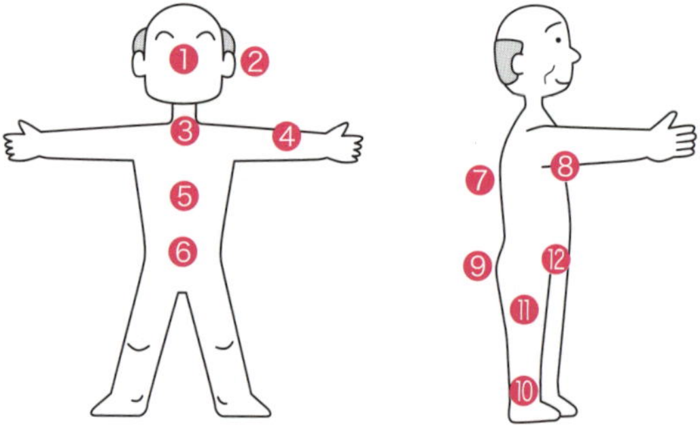

顔→耳→首→腕→胸→腹→うつぶせで背中→横向けでわきの下→腰（左右）→仰向けで足首→足→陰部

こんなことMO知っておこう

＜気をつけること＞
○体温や顔色、痛みなどの体調に気を配る。
○室温 (22 ～ 24℃) を整える。
○空腹時や食後は避けて手際よく行なう。
○体の末梢から心臓に向けて拭くと血行がよくなる。
○首や脇、ひざの後、臀部、しわの部分は丁寧に行なう。

セカンドオピニョン

主治医以外の医師の意見を聞くこと

第二診断のことで、診断や治療方針について主治医以外の医師の意見をいう。症状を判断したり重大な決断を要する場合の患者側の一つの手段である。インフォームド・コンセント(P.19)とともに必要性が高まっている。

赤血球《せっけっきゅう》

ヘモグロビンを有する血液の主成分

体の各部の組織細胞へ酸素を運び、二酸化炭素を運び出す働きをする血球成分。酸素と結合すると赤くなる色素のヘモグロビンが重要な働きをする。数が減ると貧血状態になり、数が多すぎると血管が詰まりやすくなる。

尖足《せんそく》

足首が底側に屈曲する変形のこと

足関節が足底のほうに屈曲した位置に拘縮（P.42）した状態をいう。歩行時に踵《かかと》を地面に着けることができずに足先で歩くような状態になる。脳性麻痺や脳卒中、寝たきりで足の重みやふとんの圧迫などによって起こる。

（注）一部の項が50音順になっておりません。ご了承ください。

摂食障害《せっしょくしょうがい》

食事を摂取することに問題が起こる病気

摂食とは食べ物を口に入れ、噛み砕いて飲み込み、食道から胃に送り込む運動行為で、いずれかの障害で食事ができなくなる状態をいう。高齢者では嚥下能力の低下などで、食物が十分に摂取できないで低栄養になりやすい。

こんなことMO知っておこう

<老化による食物摂取への影響>
味覚などの低下による食欲不振、麻痺（P.103）や握力の低下など摂食行動の障害、歯の不具合、嚥下反射の低下、消化管の萎縮や消化液の分泌低下、腸管の蠕動運動の低下などがある。

喘息《ぜんそく》

呼吸困難の発作が繰り返し起こる疾患

ひゅーひゅー、ぜーぜーという喘鳴 (ぜいめい) や咳を伴う発作的な呼吸困難症状。気管支に起きた炎症が原因で慢性的な気道狭窄 (きょうさく) が起こる。季節の変わり目や夜間 (明け方) に症状が出やすい。

こんなことMO知っておこう

<高齢者の喘息>
反復性の呼吸困難発作などの症状は一般の成人喘息と同様だが、慢性閉塞性肺疾患や心不全、逆流性食道炎などの疾患や合併症が多く見極めにくい場合がある。

せん妄《もう》

一時的な脳の機能低下で起きる意識障害の一種

意識混濁（P.14）、不穏から興奮及び幻覚（多くは幻視）を主症状とする急性脳器質症候群をいう。高齢者ではほとんどの疾患によってせん妄を起こす。軽度から中程度の意識混濁に、不安や幻覚、興奮といった状態を示す。

こんなことMO知っておこう

＜夜間せん妄＞
夜になっても眠らず、騒いだり暴れたりし、しかるとかえって刺激して大騒ぎになることがある。日中は努めて起きてもらい、軽い運動をしてみる。症状が改善しないときは医師に相談する。

前《ぜん》立《りつ》腺《せん》肥《ひ》大《だい》症《しょう》

前立腺が肥大して尿道を圧迫する排尿障害

前立腺（膀胱のすぐ下）が年齢とともに肥大し、尿道が圧迫されて排尿障害をもたらす。男性特有に見られる病気であるが、ほうっておくと尿がまったく出なくなること（尿閉）もある。不眠の原因にもなる。

こんなことMO知っておこう

＜症状＞　○膀胱刺激期／夜間にトイレに行く回数が多い、尿の勢いがない、すぐに尿が出ない、時間がかかるなど。○残尿発生期／残尿感がある。　○慢性尿閉期／昼夜を問わずトイレに行く回数が増え、排尿に時間がかかる。まったく出なくなることもある。

ソーシャルワーカー

（英）social worker

社会福祉事業に従事する人のこと

社会福祉の分野で専門的な知識や技術を持ち、支援を必要とする人と社会サービスを結びつける仲介役のこと。主に社会福祉事業に携わる人の総称だが、社会福祉士や精神保健福祉士（いずれも国家資格）を指すことが多い。

こんなことMO知っておこう

＜医療ソーシャルワーカー＞

保健医療分野におけるソーシャルワーカー。高度化、専門化する医療の中で「保健・医療・福祉」各サービスの調整や活用の援助を行なう。患者の経済的・心理的・社会的問題に取り組む。

側《そく》臥《が》位《い》

横向きに寝ている基本的姿勢のこと

腸骨・肩峰・外踝部で支え横向きに寝た状態をいう。寝衣やリネン交換、排せつの援助のときなどにとられる体位である。臥位は寝姿や状態をいい、上を向いた寝姿の仰臥位(P.34)、うつぶせになった伏臥位(腹臥位)などがある。

こんなことMO知っておこう

＜体位の種類＞

立位、座位、臥位の３種類があり、臥位には側臥位や仰臥位、伏臥位などがあり、側臥位から座位、仰臥位から側臥位、仰臥位で左右に移動など、体位交換（P.64）のときに必要となる。

ターミナルケア

（英）terminal care

終末期の医療・看護・介護のこと

治療の見込みがなく死期が近づいた人と家族に対して行なう包括的なケア。介護者はコミュニケーションによって苦痛を取り除き、安らかに死を受け入れることができるように温かく援助する。

こんなことMO知っておこう

<特に必要な精神的ケア>

たとえ死を受容したとしても、拒否する気持ちは強いものである。介護者は、コミュニケーションを取ることで精神的に平穏な状態に導いていくことも必要になる。

体位交換《こうかん》（変換）

体の位置や向きを変えること

自力で体位を変えられない人の体位を変えること。同じ姿勢のまま長く寝ていると筋肉や関節が硬くなって起き上がる力が低下し、拘縮 (P.42) や褥瘡 (P.52) を生じやすい。さらに内臓の機能低下などを招く。

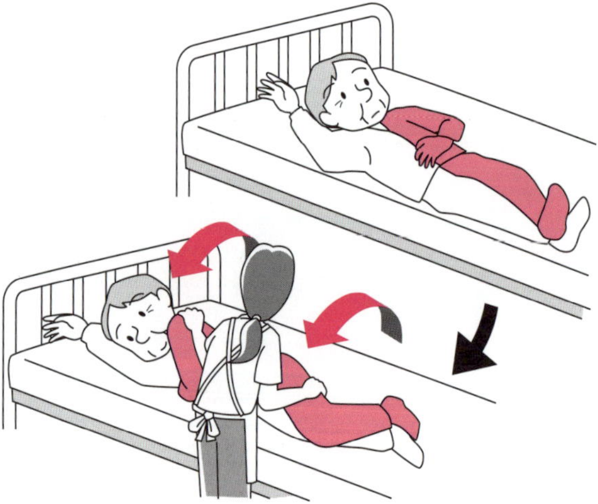

こんなことMO知っておこう

＜体位交換の注意点＞
骨折 (P.45) などに注意して、声かけをしながらできるだけ自分で動いてもらい、その人に合わせた方法で意思を尊重しながら行なう。介護者は腰などに無理な力が入らないようにする。

対症療法《たいしょうりょうほう》

症状や苦痛を軽くさせるための治療法

疾病の根本的な要因に対する治療ではなく、疾病による痛みや発熱、せきなどの症状を和らげたりなくしたりする治療法。がんやパーキンソン病 (P.84)、ウイルス感染症 (P.30) など、根本的な治療ができない場合行なわれることが多い。

大腿骨頸部骨折《だいたいこつけいぶこっせつ》

大腿骨 (太ももの骨) の骨折のこと

大腿骨の脚の付け根に近い部分の骨折。若い人に起こるのはまれで、加齢による骨粗鬆症 (P.45) の高齢者が起こしやすい。治りにくいため寝たきりの原因になる。骨折部の転位が大きい場合は早期離床するために手術が原則である。

大腸菌《だいちょうきん》

人や動物、自然界に広く分布している細菌

ブドウ球菌と並ぶ常在菌の一つで、人や動物の腸管内に常に存在して病原性のないものが多い。毒性のある病原性大腸菌は経口感染し、激しい腹痛や下痢などの症状を呈する腸炎を起こす。病原性大腸菌 O-157 がよく知られている。

脱《だっ》水《すい》症《しょう》状《じょう》

体内の水分量が正常以下になった状態

体内の液体成分 (成人で体重の約 60%) の減少した状態をいう。加齢とともに水分が減る。水分が減ると血液の流れが悪くなって脳梗塞 (P.82) や心筋梗塞 (P.54) を起こしやすくなり、腎臓から老廃物が排出されにくくなる。

こんなことMO知っておこう

< 脱水症状 >

高齢者は脱水症状になりやすい。次のような症状に注意して水分の補給を心がける。

○口の中が乾いている。
○尿の色が濃く量が減る。
○便秘しがちである。
○皮膚のはりがない。
○夏でもわきの下が乾燥している。
○食欲がなくなってきた。
○頭痛、めまい、立ちくらみがある。
○脱力感がある　など。

※発熱や下痢による脱水症状は認知症を促進させる。

多《た》発《はつ》性《せい》硬《こう》化《か》症《しょう》

中枢神経系である脱髄疾患の一つ

神経の繊維を覆っている髄鞘《ずいしょう》が炎症で壊れると、神経繊維がむき出しの状態になり、神経機能に障害が起きる（脱髄）。再発を繰り返す中枢神経系の慢性炎症性脱随疾患であり、特定疾患（P.77）の一つとなっている。

痰《たん》吸《きゅう》引《いん》

気道へ管を入れて痰を吸い取る医療行為

痰をうまく出せない人に、カテーテル(P.28) を口や鼻から挿入して吸引器で痰を吸引する医療行為。気道内吸引と気管内吸引がある。限られた条件下であればヘルパーなどの家族以外の第 3 者が吸引行為をすることが許されている。

端《たん》座《ざ》位《い》

ベッドなどの端に足を下ろして腰掛けた座位

ベッドなどの端に腰を掛け、足を床に下ろした状態の座位のこと。この座位が可能であれば寝たきり状態を脱するだけではなく、立《りつ》位《い》やベッドから車イスなどへの移乗 (P.15) ができ、自立した生活につながる。

胆石《たんせき》

胆嚢や胆管の中にできる固形物（結石）

肝臓の下にある胆汁を貯める胆嚢《たんのう》の中に、結石ができ、胆道が結石で閉塞する（胆管結石）。ビリルビン結石が多いが、コレステロール系の結石も増えつつある。高齢者は胆管結石の頻度が高い。

こんなことMO知っておこう

＜早期発見＞

腹痛、黄疸（P.25）、発熱の症状が特徴である。痛みは右上腹部や上腹部中央部に繰り返し起こり、背中や右肩甲骨の下まで広がる。胆道感染症を引き起こすとショック状態や敗血症などを招きやすい。

胆嚢炎《たんのうえん》

胆石や細菌などで胆嚢が炎症を起こしている状態

胆嚢の炎症で、胆石と一緒に発症していることが多い。急性や慢性の炎症、無石の炎症、気腫性炎症などがあり、右腹部の上部に激痛を覚えたり、痛みが右肩に散ったりする。吐き気、嘔吐（P.25）を伴うことも少なくない。

こんなことMO知っておこう

＜胆嚢の働き＞

消化を助けるために十二指腸に胆汁を流し込むことで、脂肪分の多い食べ物を消化する重要な役目がある。軽い胆嚢炎は、絶食や輸液、抗生物質の投与など内科的な治療で回復する。

チアノーゼ
(独) Zyanose

皮膚の粘膜が暗青色または暗藍色になること

動脈を流れる血液中の酸素濃度が何らかの原因で低下し、皮膚の色が青黒く見える状態をいう。口唇、耳たぶ、爪、指先、足底などによく見られる。呼吸器や循環器の病気が原因で起こることが多い。

こんなことMO知っておこう

＜チアノーゼの主な種類＞
呼吸器疾患…肺気腫・肺線維症・肺動脈狭窄症・無気肺
循環障害…末梢毛細血管のうっ血・静脈血の動脈血への混入
※のど詰めや嘔吐の前後にチアノーゼが出ることがある。

地《ち》域《いき》ケア

高齢者が安心して暮らすためのケア体制

高齢者が住み慣れた自宅や地域で尊厳を持って安心して暮らしていくためのケア体制のこと(コミュニティケア)。高齢者のニーズや状態の変化に応じて、介護サービスだけでなく、医療・福祉サービスなどの提供を目ざす。

こんなことMO知っておこう

＜地域ケア会議とは＞
学区ごとに設置された地域型在宅介護支援センターで各種保健・福祉サービスが受けられるよう随時相談を受けている。複雑な事例などについては「地域ケア会議」が必要なサービスの調整を行なう。

チームアプローチ

チームが力を合わせた連携活動のこと

組織や集団の構成メンバーが同じ考えを持つ協働活動をいう。長期ケアを必要とする高齢者のニーズは多面的で医学的管理だけでなく精神面や生活のケアが必要である。そのためにはチームスタッフの協働が欠かせない。

こんなことMO知っておこう

＜良いチームとは＞
○共通の目標や課題に向かう○個々の役割が明確で、各自が責任を持って行動する○会で情報やアイデアを交換し合う○お互いが個人として尊重し合う。

中《ちゅう》心《しん》静《じょう》脈《みゃく》栄《えい》養《よう》療《りょう》法《ほう》

（英）TPN、IVH

経口によらないで栄養液を点滴すること

何らかの疾患で消化管を通しての栄養摂取ができない場合や消化管を休める必要のある場合の栄養法の一つ。末梢静脈から栄養を補給する。輸液ラインを常に留置するため点滴のたびに静脈に針を刺さなくて済む。ほかに経腸栄養法がある。

こんなことMO知っておこう

＜経腸栄養法とは＞
鼻腔や腹壁（胃ろう：P.18）から胃や十二指腸までチューブを通して栄養補給する方法。経静脈栄養とは違い腸を経由して栄養が吸収される。

中《ちゅう》枢《すう》神《しん》経《けい》

脳と脊髄にある神経のこと

脳と脊髄にある神経系のことで、感覚器官からの情報を得てそれを統合、判断し、反応を指令する役割を担う神経。心身のすべてをコントロールし、中枢神経系に何らかの障害があり、その機能が損なわれている状態を中枢神経性障害という。

こんなことMO知っておこう

＜中枢性めまい＞

小脳や脳幹など中枢神経系に原因があるめまいで、高齢化するほど頻度が増加する傾向にある。原因疾患としては、慢性脳循環不全、小脳出血・梗塞などの脳循環障害に関する病気が多い。

中《ちゅう》性《せい》脂《し》肪《ぼう》

生体のエネルギーの源となる脂質のこと

通常グリセリンと脂肪酸が結合した脂質（トリグリセライド）のこと。過剰に摂取したエネルギーは中性脂肪として脂肪組織に貯えられる。脂肪組織の増大は、肥満、糖尿病や動脈硬化（P.76）、高血圧症（P.42）などを引き起こす。

こんなことMO知っておこう

＜中性脂肪と肥満＞

肥満の人の多くが定期検診で「中性脂肪が高い」といわれている。食事でとる糖質や脂肪の量を減らし、摂取カロリー量を少なくするよう指導しないといけない。

低血糖《ていけっとう》

血液中のブドウ糖が少なくなりすぎた状態

正常の空腹時血糖値は 80 ～ 100mg/dl で、60mg/dl 以下になると低血糖症状が現れる。異常な空腹感や震え、冷汗、意識喪失などの症状が現れるが、糖分を摂取すると回復する。程度により生命に危険な場合がある。

こんなことMO知っておこう

＜原因＞

インスリンの過剰投与、内服薬の使用量過多、食事摂取量の不足、下痢 (P.39) や嘔吐 (P.25) の持続、激しい運動、アルコール過飲などに見られる。高齢者の場合は認知機能低下として現れる。

ディスポーザブル

(英) disposable

感染症予防などのための単回使用のこと

英語で「使い捨ての」という意味で、医療器具などをリスク回避のために再使用しないこと (単回使用) をいう。衛生管理や感染症予防のために多くのディスポーザブル器具があり、再生やリサイクルされるシングルユーズの器具もある。

こんなことMO知っておこう

＜衛生材料＞

医療·介護の分野ではディスポーザブルの資器材は不可欠である。

○ガーゼ○脱脂綿○アルコール綿○綿棒○包帯○マスク○手袋○絆創膏○各種テープ · エプロン · ベッドパッド　など。

摘便《てきべん》

直腸内に手指を入れ便を摘出すること

自力で排便が困難となったときに、肛門から直腸内に手指を入れて腸管の中にたまった便を摘出すること。腸のぜん動運動が弱くなったり、運動量の不足になったり、また、偏食や薬の副作用によって便秘になった人に行なう。

てんかん

脳の神経細胞異常により起こる慢性脳疾患

脳の一部の神経細胞が異常な興奮して起こるけいれん性疾患。高齢期に初発したてんかん発作では原因の究明が重要である。脳梗塞 (P.82) 後などの脳血管障害 (P.82) が多く、脳腫瘍やアルツハイマー病 (P.12) などがこれに次ぐ。

点滴《てんてき》

長時間にわたって静脈に薬剤を注入する輸液法

皮下の血管から電解質を含んだ水分を静脈注射によって流し込むもので、経口摂取 (P.38) が困難なとき、手術前後、脱水症状 (P.66) 時などに行なう。食欲のない高齢者や特に嚥下障害 (P.24) のある人の栄養補給として使われることが多い。

転倒《てんとう》　意志に関係なくひっくり返ること

高齢者は、下肢筋力のバランス能力や精神機能などの低で転倒しやすく、骨がもろいために容易に骨折する。それが引き金となって寝たきりや廃用性症候群 (P.89)、認知症 (P.80) などの生活障害につながり、急速に ADL (P.117) が落ちる。

< 転倒の要因 >

○加齢に伴う要因…視覚、バランス感覚、歩行、筋骨格系、心臓血管系などの変化。

○病気…急性疾患、慢性疾患、視覚障害、神経障害、筋骨格系の障害、認知障害、言語の障害など。

○薬物（睡眠薬・抗不安薬など）

○周りの環境や設備、はき物　など。

こんなことMO知っておこう

< 転倒の見守り >

○転ばないように絶えず心がける。

○バリアフリーなど環境を整える。

○転倒しないように体のバランスをよくする。

○骨折から身を守るために装具を身につける。

統合失調症《とうごうしっちょうしょう》

原因不明の内因性の精神障害の一つ

幻聴や幻視、妄想、無気力、無関心、生活能力の低下、社会的常識欠如などの症状が見られる精神障害。青年期に好発するが初老期に発病することがある。薬や心理的ケアなどの早期治療で治る人も多くなっている。

こんなことMO知っておこう

＜呼び名の変更＞
かつては精神分裂病と呼ばれており、2002 年 1 月に日本精神神経学会が「統合失調症」への呼称変更を承認した。若いころに既往があるのを知らないと認知症と間違うことがある。

疼痛《とうつう》

ズキズキする痛みを示す医学用語

物理的刺激やセロトニンなどの疼痛物質によって、体の組織が損傷して生じる刺激が神経系を通じて大脳に痛みとして伝わる感覚をいう。部位から中枢神経性 (P.71) の疼痛と末梢神経性の疼痛がある。

こんなことMO知っておこう

＜激しい疼痛＞
三叉神経痛、坐骨神経痛、変形性膝関節症、舌咽神経痛、灼熱痛、幻視痛、帯状疱疹の疼痛、筋緊張性頭痛、悪性腫瘍による痛みなどがあり、疼痛が激しいときはペインクリニックで治療する。

糖《とう》尿《にょう》病《びょう》

インスリンの分泌障害などによる代謝異常疾患

膵臓のインスリン（P.18）の分泌障害などにより引き起こされた代謝異常で高血糖となり、尿中に糖が異常排出される病気。目、腎、神経に合併症をきたす全身病で、血糖値の管理が十分でないと合併症を引き起こす。

こんなことMO知っておこう

＜自覚症状と療法＞　多飲、多尿、多食、脱力感、肥満、感染に対する抵抗性の低下、動脈硬化の促進、神経炎、網膜症、腎機能不全などの症状がある。治療の基本は食事療法と運動療法で、インスリン依存性糖尿病では、インスリンの投与が行なわれる。

動《どう》脈《みゃく》硬《こう》化《か》

動脈の血管が加齢で老化して硬くなった状態

高齢者の場合は、脳梗塞（P.82）、心筋梗塞（P.54）、閉塞性動脈硬化症を引き起こしやすく、加齢とともに発症頻度が増加する。閉塞性動脈硬化症は高齢者の病気で動脈硬化が四肢に起こった状態である。

こんなことMO知っておこう

＜高齢者の場合＞
生活習慣や高血圧症（P.42）などが原因になり、加齢そのものが動脈硬化の危険因子である、心臓や脳の病変に気を配りながら治療を進める必要がある。粥状動脈硬化症や細動脈硬化症などがある。

特定疾患《とくていしっかん》

40歳～65歳未満で、介護保険で認められる特定疾病

介護保険のサービスが受けられるのは65歳以上の高齢者に限られるが、40歳から65歳未満(第2号被保険者)であっても介護保険が適用される疾患である。16の疾病に適用される。

第2号被保険者が受けられる特定疾患

1. 初老期の認知症（痴呆）
2. 脳血管疾患
3. 筋萎縮性側索硬化症（ALS・P.117）
4. パーキンソン病関連疾患（P.84）
5. 脊髄小脳変性症
6. 多系統萎縮症
7. 糖尿病性腎症、糖尿病性網膜症、糖尿病性神経障害
8. 閉塞性動脈硬化症
9. 慢性閉塞性肺疾患
10. 両側の膝関節または股関節に著しい変形を伴う変形性関節症
11. 関節リウマチ
12. 後縦靭帯骨化症
13. 脊柱管狭窄症
14、骨粗鬆症による骨折（P.45）
15. 早老症（ウェルナー症候群）
16. がん末期

吐血《とけつ》

食道や胃などの消化器から出血すること

消化器系から血を吐くことをいい、胃潰瘍 (P.14) や十二指腸潰瘍、胃がん、食道動脈瘤の破裂などの病気が考えられる。吐血は暗赤色だが、喀血は鮮紅色で気泡を含む。吐物にわずかに血液が混じる程度のものは吐血と呼ばない。

こんなことMO知っておこう

＜応急処置の方法＞

1) 血を飲み込まないように横向きに寝かせる。
2) 何度も吐く時は洗面器を用意する。
3) 窒息しないように注意して救急車を呼ぶ。

ドパミン（ドーパミン）

（英）dopamine

中枢神経系に存在する神経伝達物質

神経伝達物質の一つで、脳の神経細胞の興奮伝達に重要な働きをする。ドパミンが減少すると脳から筋肉へ運動の指令が伝わらず、手足の震えや歩行障害などを招く（パーキンソン病：P.84）。逆に増加すると幻覚や妄想などをもたらす。

こんなことMO知っておこう

＜ドパミンのもう一つの働き＞

ドパミンは消化管（胃や腸など）の運動を低下させる働きがある。おなかが張る、もたれる、食欲不振、悪心嘔吐などの症状があるときにはドパミンの働きを抑えるための薬が処方されることがある。

難病《なんびょう》

治りにくい病気や不治の病を指す言葉

治療が難しく、慢性の経過をたどるいわゆる「不治の病」。社会通念として用いられてきた言葉で、その時代の医療水準や社会事情によって変化する。難病と指定されたもの（338疾患）は、医療費の公費負担と手当が支給される。

コラム④ こんな用語MO覚えておこう

ストレッサー stressor	ストレスの原因となる刺激。物理的、化学的、生物的、精神的の４タイプに分けられる。
ストレッチャー stretcher	寝かせた状態で移動できる車付きベッド。いろんなタイプがある。
生化学検査 せいかがくけんさ	内臓疾患の有無や治療効果の判定のために行なう検査。化学的分析を行って判断する。
チューブ栄養	口から栄養を摂取できない人に体の外から消化器管にチューブを通して流動食を送ること。経管栄養(P.37)。
動脈瘤 どうみゃくりゅう	動脈の内腔の一部が異常に拡大してこぶ状になった状態。動脈硬化などによって起こる。
トランスファー transfer	車イスから便器に移乗したり、ベッドから車イスへ移乗 (P.15) することをいう。
ナーシングホーム nursing home	医療と福祉が統合され、医療・介護のサービスを提供する施設のこと。

尿《にょう》路《ろ》感《かん》染《せん》症《しょう》

腎臓からの尿路に生じる感染性の炎症

腎臓、膀胱、尿道、前立腺、精巣、副精巣などの尿路の非特異的感染を総称した呼び名。代表的なものは腎盂腎炎や膀胱炎で、結石や腫瘍などの病気を併発していることもある。

こんなことMO知っておこう

＜高齢者の場合＞
加齢によって排尿機能の低下による残尿の増加と感染防御機構の減弱がある。さらに尿路の異常が合併すると細菌が尿路管腔内に侵入して感染を引き起こす。

認《にん》知《ち》症《しょう》

脳の障害で日常生活に支障をきたす病的状態

脳や体の疾患によって記憶・判断力などの障害が起こること。記銘・記憶力、見当識 (P.40)、思考力、計算力、判断力の精神神経障害があり、そのほか言語、感情、行動、人格の異常が見られる。

こんなことMO知っておこう

＜認知症の種類＞　○アルツハイマー型認知症（P.12)…脳内の変化で神経細胞が急激に減って縮んでしまう。○脳血管性認知症…脳や脳の血管の異常が原因で引き起こされる。○その他の認知症〈ピック病（P.93)、レビー小体型認知症（P.113) など〉

熱傷《ねっしょう》

熱によって起こる皮膚組織の損傷（やけど）

熱や放射線、化学的、電気的な接触に起因する皮膚およびその他の組織の損傷をいう。軽症の場合はまず冷やすことが第一、中等症以上の場合はショックその他の危険があるためすぐに病院に運ぶ。

こんなことMO知っておこう

＜低温熱傷＞

カイロや湯たんぽ、ホットカーペットなどによる熱傷で、気がつかないうちに受傷していることが多い。高齢者など皮膚の弱い人や皮膚血行が悪い人や感覚の麻痺している人に生じやすい。

熱中症《ねっちゅうしょう》

体内に熱がこもることで起こる病気の総称

長時間の高温や高熱、過度の運動などで体温調整がうまくいかずに起こる病気。汗を大量にかいて水分補給をしないと体内に熱がこもり、血液循環がとどこおって全身の機能が麻痺（P.103）する。感覚が衰えた高齢者がなりやすい。

こんなことMO知っておこう

＜主な熱中症の種類＞

○熱疲労…大量の発汗で脱水症状を起こす。

○熱失神…皮膚血管が拡張して血圧が下がる。

○熱けいれん…発汗後の大量水分補給で血液の塩分濃度が下がる。

脳萎縮《のういしゅく》

脳の容積の減少をきたしてしまっている状態

動脈硬化などの病気や加齢によって、脳の容積が少なくなっていく状態。独立した疾患ではなく多くの原因によって生じ、外傷や認知症、脳血管障害 (P.82)、アルコール依存症 (P.11)、遺伝性疾患、代謝性疾患などがあげられる。

脳血管障害《のうけっかんしょうがい》

血管の病変で引き起こされる脳神経系の障害

脳血管の病的変化によって血管が詰まったり、破れたりする障害。運動障害、知覚障害、精神症状などのさまざまな症状が現れる。含まれる疾病に、脳出血、脳梗塞 (P.82)、脳動脈瘤、くも膜下出血 (P.36)、脳血管性認知症などがある。

脳梗塞《のうこうそく》

血管が詰まって脳細胞が死んでしまう状態

脳の血管が詰まって血液が流れなくなり、脳細胞が破壊されてしまう状態で、脳軟化ともいう。半身の麻痺 (P.103) や感覚の低下、手足の運動障害、しびれ、意識障害 (P.15)、昏睡、認知症などが主な症状である。

ノーマライゼーション
（英）normalization

障害を感じないで暮らせる社会をつくること

障害者であろうと健常者であろうと、共に同じ社会の一員として生活できる成熟した社会に改善していこうという考え方や営みのこと。すべての人を幸福にするという福祉の基本理念である。

こんなことMO知っておこう

<歴史>
1959年にデンマークの障害者運動から発展した考え方で、日本では1970年代から注目され始めた。以後、バリアフリー（P.92）やユニバーサルデザイン（P.108）などの考え方が生まれた。

ノロウイルス
（英）norovirus

感染性胃腸炎を引き起こすウイルス

腹痛や下痢・嘔吐 (P.25)、発熱などの症状を起こすウイルスの一種。食中毒がほとんどであるが、便や吐物に接触して感染する場合もある。抗ウイルス剤はなく水分補給や輸液などの対症療法 (P.65) を行なう。

こんなことMO知っておこう

<高齢者のノロウイルスと水分補給>
高齢者は脱水症状を防ぐ必要があるが、頻繁に吐く場合は水分を控える。嘔吐物にはノロウイルスが大量に含まれており、その処理には十分に注意が必要である。

パーキンソン病《びょう》
（英）PD

慢性進行性の神経変性疾患（特定疾患）

中脳の黒質から線条体に至る神経細胞の変性委縮により、神経伝達物質のドパミン（P.78）不足などが引き起こされる神経変性疾患の一つ。主に中・高年期に発病し、ゆっくりと進行する。特定疾患（P.77）に指定されている。

こんなことMO知っておこう

＜症状＞
四肢の震え（振戦）や筋肉のこわばり（固縮）が見られ、動作が鈍くなり、表情は無表情となり、動作緩慢になる。急に止まれず転びやすい。

肺炎《はいえん》

病原菌によって肺が炎症を起こした状態

微生物の感染で起きる肺の炎症。市中肺炎（在宅肺炎）や入院患者が院内で感染する院内肺炎、誤嚥による誤嚥性肺炎などがある。体力が落ちているときや免疫力の弱い高齢者がかかりやすく、高齢者の肺炎の多くが誤嚥性肺炎である。

こんなことMO知っておこう

＜主な症状＞
せき、発熱、悪寒、胸痛、喀痰、呼吸困難などで、症状は数日間続く。高齢者では食欲不振や気力減退などの症状しか出ない場合があるので気をつける。

徘徊《はいかい》

目的もなく無意識に歩き回ること

目的もなくさまよい歩くことで、認知症の症状の一つとして一般的であるが、少年期の逃避の形や記憶喪失の状態でも現れることがある。なぜ歩いているのか、どこへ行こうとしているのかなどの背景を知ることが大切である。

＜徘徊への配慮＞
徘徊を強制的に止めようとすると、かえって悪化させてしまうことがあるが、体力の消耗も激しく、休ませることも必要である。その際には水分補給をする。

＜徘徊への対処法＞
○徘徊には理由があることをわかってあげる。
○習慣的な徘徊はコースを把握し迎えに行く。
○できるだけ付き添う。
○徘徊癖のあることを警察や近隣に伝えておく。

肺《はい》がん

肺に発生するがんの総称

肺（気管支から肺胞に至る部位）に発生するがんのすべてをいう。種類は多く、扁平上皮がん、腺がん、大細胞がん、小細胞がんに分類される。徐々に増加しつつあり、喫煙（副流煙の害もある）がもっとも関連しているとされる。

肺《はい》気《き》腫《しゅ》

呼吸細気管支と肺胞が拡張して壊れる疾患

呼吸細気管支とその先端にある肺胞（酸素と二酸化炭素を交換する組織）が壊れる疾患。息を吸うときには肺に空気が入っていくが、吐き出すときにうまく空気を肺から出せなくなる。 徐々に進行して安静時でも呼吸困難を生じる。

敗《はい》血《けつ》症《しょう》

体の中に細菌が侵入して多くの症状を示す病気

全身性炎症性反応を伴う重症感染症（多臓器不全、組織低灌流、血圧低下を合併するもの）。発熱、白血球(P.91)の増加、発疹などが見られ、血管内に凝固症候群を合併して死に至る。菌が侵入しても症状を示さない場合は菌血症という。

バイタルサイン
（英）vital signs

人の生命活動を示す生体情報のこと

生命兆候ともいい、生きていることを示すしるし。主に体温・呼吸・脈拍、血圧を指し、食欲、睡眠、排せつ、意識、精神状態なども含む。これらの兆候を知ることで、生命の危険を察知したり、日常の介護時の判断基準にする。

こんなことMO知っておこう

＜測定法と危険信号＞

体温：内部温度を、腋窩、口の中（舌下）検温法などで測定
35 度以下または 42 度以上

呼吸：回数や呼吸深度、呼吸音などで測定
1 分間以上無呼吸

脈拍：手首の動脈、頸動脈や大腿動脈に触れて 1 分間測定
1 分間 40 回未満または測定不能の頻脈

血圧：上腕の動脈で測定
収縮期血圧 60mmHg 未満

排《はい》尿《にょう》障《しょう》害《がい》

尿意を感じても尿を容易に出せない状態

排尿に何らかの障害がある状態をいう。前立腺肥大症（P.61）や膀胱括約筋に異常のある場合と尿路通過障害のある場合に認められる。尿量、尿回数、排尿状態、尿線などの異常が含まれる。

こんなことMO知っておこう

＜障害の種類＞　○排尿や尿意が通常より多い…頻尿･夜間頻尿･多尿・尿意切迫・尿失禁など。
○尿が出なくなってしまう…尿閉・乏尿・尿線の細小・尿線の中絶・二段排尿など

排《はい》便《べん》コントロール

人工的に便意を感じさせて排せつを促すこと

排便障害（便秘、下痢、便失禁）の対応策として食生活の改善や下剤の投与などによって排便をコントロールすること。高齢者介護では便秘や下痢などの排便障害は大きな問題のため適切に処理することが求められる。

こんなことMO知っておこう

＜高齢者と排便＞
自然排便は、直腸の収縮力、腹圧、重力の力の３つの働きによる。高齢になると筋力が弱ってくるため自然排便が難しくなるため排便コントロールが必要である。

廃用性症候群《はいようせいしょうこうぐん》

体を動かさないことによる機能低下状態

寝たきりで骨や筋肉の萎縮や関節の拘縮（P.42）、意欲や記憶力など心身機能が低下することで、寝たきり症候群とも呼ばれる。寝た状態を続けないように座位時間を増やしたりベッド上で上肢や下肢を動かす運動を行なったりする。

こんなことMO知っておこう

＜症状＞

○運動器障害…筋萎縮、筋力低下、関節拘縮、骨粗鬆症（P.45）など。

○循環器障害…起立性低血圧、肺炎（P84）、浮腫（P.97）、褥瘡（P.52）など。

○自律神経障害…便秘、尿失禁、大便失禁、低体温症など。

○精神障害…抑うつ、食欲不振、拒食 、睡眠障害（P.56）など。

○その他…尿路感染症（P.80）、尿路結石など。

白癬菌《はくせんきん》

人間や動物に寄生する真菌（カビ）の一種

人間などの皮膚の角質層（角層）に寄生する真菌（カビ）・皮膚糸状菌の一種で、角質の成分であるケラチン（タンパク質）を栄養源にして生息している。感染する部位によって異なる名前がつけられ、水虫はこの菌による皮膚病である。

こんなことMO知っておこう

＜高齢者の白癬＞
水虫は主として足に生じる白癬のことで、白癬が感染した部位によっていろいろある。高齢者では約60%が足白癬で角化型足白癬が多く、爪白癬を生じやすい。

白内障《はくないしょう》

遠近に関係なく物がかすんで見えにくくなる症状

水晶体（レンズ）たんぱく質が酸化変性し、透明性が失われること。還元作用を持つ点眼薬を使用すると酸化を遅らせることができる。すりガラス越しに物を見るような状態になって視力低下を招き、症状が進むと失明状態になる。

こんなことMO知っておこう

＜老人白内障＞
加齢につれて水晶体の中のたんぱく質が酸化され、固くなって濁ってくるため、高齢者の多くが白内障の症状を引き起こす。手術を受ければ症状は改善される。

白血球《はっけっきゅう》

骨髄やリンパ節で作られる血液中にある細胞成分の一つ

血液中の細胞成分の一つで、体内に侵入してきた細菌や異物、体内で発生した異物（悪玉コレステロールやがん細胞など）を排除する生体防御機能を持つ。正常値は 4000 ～ 9000 個/mm^3 で、細菌感染で増加する。

こんなことMO知っておこう

＜疾患や病態＞

○増加の原因…感染症（P.30）・炎症・アレルギー疾患（P.13）・骨髄性白血病・リンパ性白血病・悪性腫瘍など。

○減少の原因…放射線照射・抗がん剤投与・エイズなど。

パニック障害《しょうがい》

パニック状態に陥る不安障害の一つ

激しい不安が発作的に起こる不安障害の一つ。身体的にはどこも異常はなく、命に関わる病気ではない。100 人に 1 人はパニック障害にかかったことがあるともいわれ、慢性化することもあるが早期に適切な治療をすれば完治する。

こんなことMO知っておこう

＜主な症状＞

○心臓がドキドキする○息が詰まる○発汗○ふるえ○しびれ○胸の痛み○吐き気○めまい○ふらつき○寒気やほてり○非現実感○死への恐怖　など。

バリアフリー

（英）barrier free

日常生活の妨げや精神的障壁を取り除くこと

バリア（障壁）をフリー（除去する）にする意味で、身体的・精神的障壁を取り除き、高齢者や障害者などすべての人にやさしい社会づくりをしていこうというもの。車イスで通行可能な道路や点字の案内板の設置などがその例である。

こんなことMO知っておこう

＜バリアフリー新法＞

「高齢者・障害者等の移動などの円滑化の促進に関する法律」の通称で、2006年12月20日に国土交通省から施行された。ハンディキャップを背負った人たちすべてを対象としている。

パンデミック

（英）pandemic

世界的規模で感染症や伝染病が大流行すること

限られた期間に世界的規模で感染症や伝染病が大流行することで、いつ発生するかを予測することは難しい。インフルエンザでは、熱や咳、くしゃみなどの症状がある人にマスクを着用してもらうことで拡大を防ぐ効果は認められる。

こんなことMO知っておこう

＜インフルエンザ・パンデミック対策例＞　○咳をしている人にマスクの着用を促す。○咳やくしゃみの際はティッシュなどで口と鼻を押さえる。○呼吸器系分泌物（鼻汁・痰など）の処理物を捨てる環境を整える（ふた付き廃棄物箱などの設置）。

B 型《がた》肝《かん》炎《えん》

B 型肝炎ウイルス感染によって起こる肝臓の病気

B 型肝炎ウイルス保有者（キャリア）の血液や体液を介して感染する肝臓の病気。高齢者では非活動性になっているか、すでに肝硬変になっている場合が多い。C 型肝炎（P.49）と同様、肺がんの合併に注意する必要がある。

こんなこと MO 知っておこう

<検査を受けたほうがよい場合>
○年齢が 40 歳以上・手術や輸血を受けた人（1972 年以前）
○家族に B 型慢性肝疾患の人がいる場合
○長期間血液透析を受けている場合　など

ピック病《びょう》

初老期に発症する脳の萎縮が見られる認知症疾患一つ

主に大脳の前頭葉と側頭葉が萎縮し、神経細胞が脱落する原因不明の進行性疾患。初発症状として人格変化や情緒障害、行動異常などが見られるが、記憶や見当識（P.40）は保たれている。 衰弱死することが多い。

こんなこと MO 知っておこう

<ピック病とアルツハイマー病>
ピック病は初老期認知症の代表疾患で、両者は見分けにくく正確に診断することが難しい。ピック病は人格障害（人格変化）が著しく、アルツハイマー病では記憶障害などが初発症状である。

ヒヤリ・ハット

文字どおりヒヤリとしたりハッとしたりすること

労災事故を未然に防止するための概念で、「ヒヤリ、ハット」したなど事故寸前の危険な事例のこと。重大な事故に発展したかもしれない出来事をいう。事前の事故防止はもちろん、事故原因や要因、背景に気づく能力を高める必要がある。

＜報告書の必要事項＞

次の事項を書面に記し、その都度、報告するシステムを施設で作成しておくとよい。

●概要

○発生日時○事故種別○発生場所○発生状況、

●対応内容

●原因および対応

○事故原因○反省点○改善点○今後の対応

標《ひょう》準《じゅん》予《よ》防《ぼう》策《さく》

血液や体液などを感染性があるものとして扱うこと

院内感染の予防においてすべての患者に適用される普遍的な予防策で、すべての湿性物資を感染性があるものとして扱う（スタンダード・プリコーション）。接触が予想されるときには防護具を用い、手洗いや手指消毒を行なう。

＜標準予防策の対策チェック＞

□ 手指の衛生を徹底する
□ 呼吸器衛生（咳エチケット）を守る
□ 防護具（手袋やマスク）の使用を促す
□ 保菌者が使用した物品を適切に処理する
□ 防護具の着脱に注意する
□ 環境対策を講じる
□ 共有物やリネンなどを適切に取り扱う
□ 予防接種などを実施する

＜防護用具の着脱の順番＞

○着用の順番

ガウン、マスク、フェイスシールド→手袋

○外す順番

手袋→ガウン、マスク、フェイスシールド

こんなことMO知っておこう

＜吐物処理で用意するもの＞

○使い捨てタオル○ティッシュ○新聞紙○マスク○ビニール袋等（液漏れしない密封袋）○ビニールエプロン○使い捨て手袋（ゴム手袋）○石けん○次亜塩素酸系漂白剤　など。

日《ひ》和《より》見《み》感《かん》染《せん》

健康なら起こさないような病原体で発症する感染症

悪性腫瘍や糖尿病（P.76）、高齢などで抵抗力が低下している人が、通常では病原性を持たないような病原体に感染して発症すること。広範な熱傷（P.81）や外傷、がん、白血病、悪性リンパ腫、エイズなどの際に発症しやすい。

こんなことMO知っておこう

<高齢者の場合>

日和見感染は「opportunistic infection」の訳語で「機会感染」「平素無害菌感染」などと訳される。軽い印象を与えるが、基礎疾患が多く、免疫能も低下している高齢者では注意が必要となる。

貧《ひん》血《けつ》

血液中の赤血球数やその中の色素が減少した状態

血液中の赤血球（P.59）数や赤血球に含まれる色素のヘモグロビンが減り、酸素を運ぶ働きが低下すること。原因として、鉄分やたんぱく質などの栄養素不足や出血、骨髄の造血機能の低下、感染、炎症、腎機能低下などが考えられる。

こんなことMO知っておこう

<高齢者の貧血>

高齢者の鉄欠乏性貧血は、過半数が消化管出血（消化管の悪性腫瘍）による。高度の貧血（Hb 濃度 7g/dl 未満）でも自覚症状のないことが少なくない。

腹膜《ふくまく》

腹壁の内面や腹部臓器の表面をおおう薄い膜

腹壁（腹部の皮膚と皮下脂肪、筋肉で作られた壁の内張り）の膜から続いて、食道から直腸、さらに腹部の中のすべての臓器を包んでいる膜のこと。膜の内部は袋状になっている。腹膜に生じる炎症性疾患のことを腹膜炎という。

浮腫《ふしゅ》

体内に余分な水分が滞った状態（むくみ）

間質液（細胞と細胞の間にある水分）が増えて起こる状態。原因に、低栄養、心不全、肝機能低下、腎機能低下、脳梗塞後（麻痺側）、炎症などがある。ひどくなると全身に現れ、重症になると胸水や腹水を伴う。

不整脈《ふせいみゃく》

心臓の拍動の異常。正常でない脈のこと

心臓が規則正しく収縮と拡張を繰り返す役割を担う刺激（興奮）伝導系の働きの異常をいう。安静時の脈拍数の正常値は 60 ～ 100 回 / 分で、これ以外の脈はすべて不整脈となる。不整脈は心臓病や他の病気の症状として現れる場合がある。

ペースメーカー

心臓に対する電気刺激発生装置

不整脈（P.97）などで心臓の収縮が正しく伝わらないとき、心臓に周期的に電気刺激を与え、正常に近い心拍を起こさせる装置。心臓近くの皮下に埋め込むもので、緊急時に用いる体外式もある。

こんなことMO知っておこう

<ペースメーカーの誤作動>

磁石や磁気にあまり近づけすぎると誤作動を起こすことがある。身の回りにある家庭電気製品は心配はないが、強い電磁気を発生させる大型の発電装置や高圧電線の下などでは誤作動が起こる。

ヘルニア

（英）hernia

体内の臓器などが本来あるべき部位から脱出した状態

ヘルニアとは“突出、あるいは脱出した状態”を意味し、内臓の一部が本来あるべきところからはみ出した状態をいう。腹部の内臓に多く見られ、椎間板ヘルニア、頸椎ヘルニア、腹壁ヘルニア、そけいヘルニア、脳ヘルニアなどがある。

こんなことMO知っておこう

<そけいヘルニア>

高齢者に多い脱腸のことで、そけい部（足の付け根の筋肉のすき間）から腹部の中の臓器（腸など）が外に飛び出し膨らむ状態で、そけい部の筋肉組織が弱くなって生じる。

ヘルペス
(英) herpes

ヘルペスウイルス感染で起こる皮膚病

人に感染するウイルスは 8 種類あるが、最初の感染後に特定の細胞内に潜伏し、その後再活性化するか、放出される。悪性腫瘍と密接に関連するものもある。高齢者では単純ヘルペスと帯状疱疹がよく見られる。

こんなことMO知っておこう

＜帯状ヘルペスとは＞
幼少期に感染し、神経細胞に潜伏していた水痘ウイルスの再発で起こる。加齢などによる体力や免疫力の低下で発病し、強い痛みと水泡を生じる。治癒後に神経痛が残ってしまうことがある。

変《へん》形《けい》性《せい》関《かん》節《せつ》症《しょう》

ひざや腰などの関節に障害が出る疾患

加齢や肥満、過度の使用によって、ひざや足首の関節、股関節などに大きな荷重がかかって形態が変化する疾患。関節に水がたまり、軟骨のすり減りによって変形して機能障害を起こし、立ち上がるときや歩行時に慢性的に痛む。

こんなことMO知っておこう

＜高齢者の場合＞
放置しておくとひざをのばすのが苦痛になり、痛みで日常生活が困難になる。特に、高齢者では日常的活動を妨げられ、要介護になる原因の約 2 割を占める。

便《べん》秘《ぴ》

正常な排便ができず便通の少ない状態

便が出ない、腹部が張るなど便通の少ない状態。排便回数が少ない、排便に困難を伴う、排便痛がある、肛門が切れる、便に血液が付着するなどの症状が見られる。65 歳以上の高齢者の約半数は便秘ぎみといわれる。

こんなことMO知っておこう

<便秘の誘因と合併症>

食事量や ADL（P.117）の低下、生理的機能の低下、大腸がんや腸管癒着などの器質的疾患の増加が便秘の誘因となる。寝たきりは弛緩性便秘になりやすい。また､糞塊により腸閉塞や直腸潰瘍などの合併症を起こす。

弁《べん》膜《まく》症《しょう》

心臓の弁の連携運動が障害される病気

心臓の心房と心室の間の弁、あるいは心室と大血管との間の弁が障害される病気。弁が十分に開かず血流が悪くなるものを狭窄症、弁の閉じが不十分で血液が逆流するものを閉鎖不全症（逆流症）という。狭窄症は高齢化に伴い増えている。

こんなことMO知っておこう

<主な弁膜症>

○僧帽弁狭窄症○僧帽弁閉鎖不全症○僧帽弁狭窄兼閉鎖不全症○大動脈弁閉鎖不全症○大動脈弁狭窄症などがある。高齢者では弁の石灰化によるものが多い。

訪《ほう》問《もん》介《かい》護《ご》

介護保険法における居宅サービスの一つ

ホームヘルパーや介護福祉士などが、要介護者（P.109）や要支援者（P.110）の居宅を訪問して行なうホームヘルプサービス。食事や入浴、排せつなどの介助や、調理、洗濯、掃除などの家事、生活に関する相談や助言、その他必要な生活上の支援を行なう。

こんなことMO知っておこう

<訪問看護とは>

看護師などが訪問看護ステーションから、病気や障害を持った人の生活の場へ訪問し、看護ケアを提供することで、自立への援助を促し、療養生活を支援するサービスである。

ホスピス

（英）hospice

疾患の終末期にある人やその家族を支える施設

治癒の見込みのない病気に冒された人を肉体的・精神的・社会的苦痛が緩和され、人として尊厳を保てるようケアをするための施設。そのケアの役割で重要なことの一つは痛みのコントロールである。

こんなことMO知っておこう

＜ホスピスの原点＞

hospice の語源はラテン語の「hosupi-tium」（あたたかいもてなし）に由来。中世ヨーロッパのキリスト教会や修道院が巡礼や旅人に休息や介護を提供した場所を指している。

ホルモン

（英）hormone

血液中でごく微量に存在する機能物質

血液中に微量にある生理活性物質で、生体内で合成され、で各臓器の機能促進や抑制の働きする。体内には 100 種類以上のホルモン（またはホルモン物質）があり、甲状腺ホルモン、下垂体ホルモン、副腎皮質ホルモンなどがある。

こんなことMO知っておこう

＜加齢とホルモン＞

加齢に伴って体内のホルモン分泌が減少し、一定レベルを下回るとさまざまな症状が現れてくる。ホルモン補充療法や食事療法・サプリメント・運動療法（P.21）などがある。

麻《ま》痺《ひ》

四肢などの機能喪失や感覚が鈍くなる状態

運動機能や感覚機能障害の一つで、何らかの原因による機能喪失や感覚が鈍くなる障害をいう。脳や神経、筋肉、骨への伝達機能が一つでも途絶えると起きる。麻痺の部位によって、片麻痺、対麻痺、単麻痺、四肢麻痺などに分かれる。

こんなことMO知っておこう

＜麻痺の種類＞　○運動麻痺／運動機能の障害。○感覚麻痺／触覚、冷温覚などの障害。○四肢麻痺／両上肢と両下肢が麻痺。○対麻痺／両上肢または両下肢が麻痺。○片麻痺／右半身または左半身の上肢と下肢の麻痺。

慢《まん》性《せい》疾《しっ》患《かん》

完治しにくく長期間の治療が必要な疾患

長期間の治療が必要な疾患で完治が難しく、比較的中高年齢層に多い疾患。初期段階では自覚症状がほとんどないために治療が遅れ、さらにに大きな疾患を併発してしまいがちである。

こんなことMO知っておこう

＜慢性疾患例＞
○高血圧症（P.42）○糖尿病（P.76）○慢性心不全○脂質異常症（P.49）○高コレステロール血症○痛風○緑内障（P.112）○慢性腎不全（P.104）○慢性閉塞性肺疾患（P.104）などがある。

慢性腎不全《まんせいじんふぜん》

徐々に腎機能が低下していく腎不全

高血圧による動脈硬化などから腎臓が十分に働かなくなる状態。腎臓から尿が十分に排せつできないため浮腫(P.97)が起こる。ほうっておくと尿毒症になって死にいたることもある。

こんなことMO知っておこう

＜治療＞

腎機能障害の進行をできるだけ遅らせ、透析療法へ移行しないよう治療していくことが望ましい。病期や原因などにより、運動・食事療法の程度、薬物療法などが異なってくる。

慢性閉塞性肺疾患《まんせいへいそくせいはいしっかん》

(英) COPD

閉塞性換気障害を特徴とする進行性の肺疾患

気道の慢性的な閉塞により肺への空気の流れが悪くなる疾患で、慢性気管支炎、肺気腫または両方の併発により引き起こされる。別名「たばこ病」と呼ばれるように、主な原因は喫煙で、気管支や肺、心臓の機能を低下させてしまう。

こんなことMO知っておこう

＜症状＞

咳嗽《がいそう》、喀痰（P.27）や階段・坂道での息切れなど、労作後の息切れの症状がある。重症になると軽度の動作で、強い息切れや下肢の浮腫（P.97)、チアノーゼ（P.69)、右心不全、呼吸不全に陥る。

無《む》呼《こ》吸《きゅう》　睡眠中に呼吸が止まる状態

10 秒以上の呼吸停止と定義され、それ自体で重症化することはないが、体に負荷がかかったり、生活習慣病（P.57）になることが懸念される。睡眠中に無呼吸が断続的に繰り返される病気に睡眠時無呼吸症候群がある。

こんなことMO知っておこう

＜高齢者の睡眠＞
高齢者の場合は、いびき、無呼吸、日中の眠気、夜間の頻尿などいろいろな症状が見られる。眠気のために日中に転倒（P.74）や骨折（P.45）をして寝たきりになることもある。

コラム5 こんな用語MO覚えておこう

尿失禁 にょうしっきん	みずからの意思で尿の排出が調整できずに漏らしてしまうこと。
ネフローゼ症候群 ねふろーぜしょうこうぐん	尿の中にアルブミンが漏れて血液の総たんぱく質の量が減少してむくみなどの症状が出る病気。
脳死 のうし	脳機能の停止した状態で、瞳孔散大、平坦脳波、自発呼吸停止などの各条件により認められる。
ハンドリム hand rim	車イスの速度や方向を操作する輪。大きな車輪の外側に設置されており使用者が手で回して操る。
鼻腔栄養 びくうえいよう	飲食物を口から食べられない場合に、チューブを鼻から胃や腸まで入れて栄養を注入することをいう。
服薬管理 ふくやくかんり	薬の量や飲む時間、回数の誤り、飲み忘れ、誤用などをなくし、薬が適正に服用されるように指導･管理すること。
ホットパック hot pack	温熱療法の一つ。温かいものを患部に当てて血流の促進や筋肉・靭帯の伸縮性拡大、鎮痛を図る。

メタボリックシンドローム
(英) metabolic syndrome

内臓の脂肪の異常で病気が引き起こされる状態

内臓脂肪型肥満、高血糖、脂質異常症 (P.49)、高血圧症（P.42）を呈する病態。内臓脂肪による代謝異常を共通の要因として病気が引き起こされる。診断基準のひとつにウエストの周囲径があり、男性 85cm 以上・女性 90cm 以上である。

こんなことMO知っておこう

＜引き起こされる病気＞
上記の 4 大症状のほかに、糖尿病（P.76）などを合併する。ひとつひとつの症状は軽くても、複合すると心筋梗塞（P.54）や動脈硬化（P.76）の危険度が高まる。

免疫《めんえき》

文字どおり疫病（病気）を免れること

体内に病原菌などの異物が侵入しても、それに抵抗して打ち勝つ能力、あるいは異物と反応する抗体を作成して発病を抑える抵抗力を持つこと。この抵抗する働きを免疫力 (自然治癒力）という。

こんなことMO知っておこう

＜高齢者と免疫機能＞
加齢とともに免疫機能の低下と異常が起こり、感染症（P.30）に対する防御機能が低下する。免疫機能の低い人は死亡率が高いとされる。高齢者の免疫機能は長寿に関係する因子と考えられる。

モニタリング

（英）monitoring

介護の実行状況を監視し、評価・点検すること

現状を観察して把握することをいう。介護サービスや支援がうまくいっているかなどを、ケアマネージャーが利用者と事業者の双方から情報を収集し、継続的に観察、管理、評価する。必要な場合はケアプランの見直しを行なう。

こんなことMO知っておこう

＜ケアマネジャーとケアプラン＞

ケアマネジャーは介護支援専門員のことで、2000年（平成12年）4月に施行された「介護保険法」に基づく資格で、ケアプランは介護サービス計画のことである。

＜ケアマネジャーの役割＞

- ○要介護・要支援（P.109〜110）認定を受けた人やその家族の相談に応じ、問題や課題を把握する。
- ○利用者のニーズに沿って具体的にケアプランを作成する。
- ○市町村やサービス事業者と連絡調整し、ケアプランに応じたサービスの提供を実施し、必要な援助を行なう。

ユニットケア
(英) unit care

個別ケアを実現するための介護ケア手法の一つ

高齢者施設の居室をユニット（小規模のグループ）に分け、少人数の専属スタッフがケアに当たる方式で、入居者の“個”を尊重したケアを行なう。施設の中を小グループ化することで生活単位と介護単位を一致させたケアを目ざす。

こんなことMO知っておこう

＜ユニットケアの意義＞　○入居者はプライバシーが確保された生活空間を持つ。○他の入居者と相互に交流し、良好な人間関係が築ける。○入居者の個が保たれストレスが減る。○家族が入居者を気軽に訪問できる。

ユニバーサルデザイン
(英) universal design

すべての人が利用するためのデザイン

障害の有無や年齢・性別・能力を問わずすべての人が利用できる製品・環境・空間・建築などのデザイン。アメリカの建築家・工業デザイナーのロナルド・メイスが提唱し、機能性と美的センスを追求した。

こんなことMO知っておこう

＜ユニバーサルデザインの７原則＞　(1) 誰でも公平に利用できる。(2) 使う上で自由度が高い。幅広い使い方に対応。(3) 使い方が単純で直感的に分かる。(4) 必要な情報がすぐ理解（伝わる）できること。(5) ミスや危険につながらないデザイン。(6)無理な姿勢や強い力がなくても楽に使える。(7)使いやすい寸法と空間を確保する。

要《よう》介《かい》護《こ》度《ど》

介護の必要性の程度を表す要介護状態区分

要介護（支援）状態区分ともいい、要介護と要支援（P.110）に分かれる。65 歳以上の人が介護保険サービスを受けるためには、要介護度の認定を受けなければならない。要介護度の状態区分は 1 ～ 5 で判定される。

＜介護サービス＞（被保険者の範囲）
40 歳以上 65 歳未満の第 2 号被保険者は、老化に起因する病気（特定疾患）により介護が必要になった場合に限り、介護保険のサービスが受けられる。

＜要介護 1 ～ 5 の方が利用できるサービス＞
● 居宅介護支援
● 居宅サービス
【 訪問サービス】
○ 訪問介護○訪問入浴介護○訪問看護○訪問リハビリテーション○居宅療養管理指導
【 通所サービス】
○通所介護○ 通所リハビリテーション
【 短期入所サービス】
○短期入所生活介護○短期入所療養介護○特定施設入居者生活介護○福祉用具貸与○特定福祉用具販売○住宅改修
● 施設サービス
○介護老人福祉施設○介護老人保健施設○介護療養型医療施設
● 地域密着型サービス
○小規模多機能型居宅介護○夜間対応型訪問介護○認知症対応型通所介護○認知症対応型共同生活介護○地域密着型特定施設入居者生活介護○地域密着型介護老人福祉施設入所者生活介護

要《よう》支《し》援《えん》

介護が必要にならないための支援のこと

現在は介護の必要はないが、将来、要介護（P.109）状態になる恐れがあり、日常生活などの支援が必要な状態をいう。要支援１と２があり、認定された場合には介護予防サービス（介護保険）を利用することができる。

腰《よう》痛《つう》

さまざまな原因によって引き起こされる腰の痛み

筋肉・椎間板・椎間関節に生じた問題が複雑に絡み合って発症する腰の痛み。各年齢層に幅広く見られる疾患で、その有病率は高齢者では特に高く、放置しているとやがて寝たきりになる可能性がある。

与《よ》薬《やく》

内服薬を飲ませたり外用薬をつけたりすること

文字どおり薬を与えることで、医師の指示で看護師が行なう治療行為。「与薬依頼書」「薬剤情報提供書」などで他でも許容される。服用時間は食事と関連づけて指定されていることが多く、正しい服用で薬の効果を高め、副作用が減らせる。

理《り》学《がく》療《りょう》法《ほう》士《し》

（英）PT （P.122）

人の体の物理的な機能の回復に携わる専門職

身体に障害のある人に対し、医師の指示のもとに「起きる」「立つ」「歩く」といった基本的動作能力の回復を目ざしてリハビリテーションを行なう専門職（国家資格）。運動療法（P.21）や温熱療法、光線療法など物理的手段を用いて支援する。

こんなことMO知っておこう

＜理学療法士の仕事＞

上記療法のほか、福祉用具の選定や住宅改修・環境調整、在宅ケアなども含まれ、さらに生活習慣病（P.57）の予防やコントロール障害予防なども理学療法の対象になっている。

リスクマネジメント

（英）risk management

組織を取り巻く各種リスクに対応すること

リスクとは、損失や事故、その危険性や危険性そのものの意味で、そうしたリスクによる不測の事態の発生に対して、迅速かつ適切に対応できる。日本語では「危機管理」と一般的に訳されている。

こんなことMO知っておこう

＜こんなシーンで使う言葉＞

介護や福祉分野では、事故を未然に防止し、万一事故が発生しても適切に対応してその損害を最小限にとどめる「リスクマネジメント」の重要性が認識されてきている。

緑《りょく》内《ない》障《しょう》

視神経が障害され視野が狭くなる病気

眼圧が高くなって視神経（網膜）が圧迫され、視野が狭くなったり部分的に見えなくなったりする視神経の病気。放置すると視野欠損を生じ、重症例では失明する可能性がある。原発性緑内障は加齢によって起こりやすい。

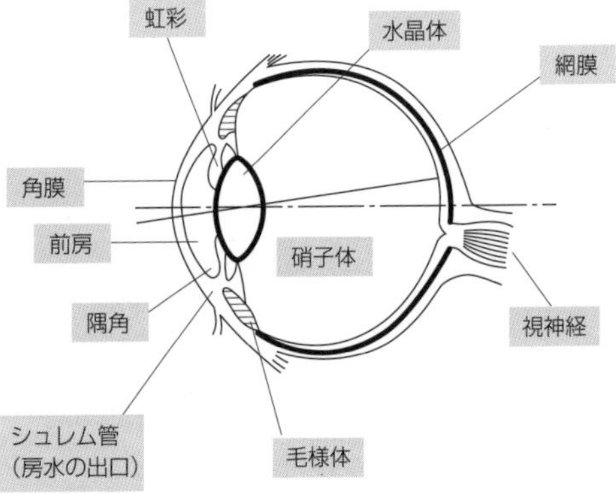

こんなことMO知っておこう

＜緑内障の検査＞
○視野検査…視野計測器を使って視野が欠けていないか調べる。
○眼底（視神経）検査…顕微鏡などで眼球の奥をのぞいて視神経を調べる。 ○眼圧検査…眼圧を測る。

レジオネラ菌《きん》

（ラ）Legionella

土壌や河川など自然界に広く生息する細菌

自然環境中の土壌・水系をはじめ、私たちの生活の中にも広く存在している細菌。一般に 20 ～ 50℃で繁殖し、36℃前後で最も繁殖する。直接吸い込むとレジオネラ肺炎を引き起こしやすくなる。集団での入浴中に起こりやすい。

レセプト

（独）Rezept

医療機関が請求する診療報酬明細書のこと

ドイツ語で処方箋を意味する用語で、日本語では医療機関が医療費を請求するための診療報酬明細書のことをいう。カルテに記載されていた病名や処方薬、診療日や保険証の番号などさまざまな情報が記されている。

レビー小《しょう》体《たい》型《がた》認《にん》知《ち》症《しょう》

高齢期に発病することが多い認知症の一つ

脳や脊髄にある神経細胞の中に、健常時には見られない物質であるレビー小体の出現を伴う認知症（P.80）である。また、パーキンソン病（P.84）の発症と関連が深い。

老人性難聴《ろうじんせいなんちょう》

老化に伴って引き起こされる感音難聴

高齢者の難聴は老化に伴って起こる感音難聴で、生理的な症状であるといえる。内耳の蝸《か》牛《ぎゅう》の機能低下によって音が聞こえにくくなり、中枢神経の機能も落ちるため言葉の判断力も悪くなる。治癒することはなく補聴器で聴力を補う。

こんなことMO知っておこう

＜補聴器が必要な場合＞
40dB 以上の聴力低下がある人で、聞き違いをしたり、聞き返しが多かったり、そのために不便を感じている場合は補聴器が必要である。

老年症候群《ろうねんしょうこうぐん》

加齢による高齢者に特有の症状

ADL（P.117）の障害や治療と同時に介護・ケアが必要な一連の症候をいう。要介護（P.109）状態になる過程はさまざまであるが、病態として、栄養摂取障害、移動能力障害、排せつ機能障害、感覚障害、認知障害などがある。

こんなことMO知っておこう

＜主な症状＞　○前期高齢者の場合…脱水、麻痺、骨関節変形、視力低下、関節痛、腰痛、食欲不振、浮腫、しびれ、言語障害、体重減少、便秘など。○後期高齢者の場合…骨粗しょう症、骨折、嚥下障害、尿失禁、うつ、難聴、貧血、不整脈、低栄養など。

弄便《ろうべん》

自らの便を弄《もてあそ》ぶ認知症行動の一つ

自分の大便を手足でこねたり、何かに塗りつけたりして弄ぶ行動をいう。便いじりともいい、ひどい場合には食べたりもする。認知症（P.80）がかなり進行した状態である。

こんなことMO知っておこう

＜対応・ケアのポイント＞
○排せつパターンを知って早めに対応する。○汚れたらそのままにしない。○皮膚疾患への対応をする。○便秘（P.100）などを予防する。 ○自尊心を傷つけない。

老老介護《ろうろうかいご》

高齢者が高齢者を介護すること

要介護者、介護者ともに高齢者であること。日本では急速に進む核家族化や高齢化に伴い、要介護者数が年々増大している。介護する側もされる側も高齢で疲れ果てて、共倒れになってしまう事態も起こっている。

こんなことMO知っておこう

＜認認介護＞
認知症の妻（夫）が認知症の夫（妻）を介護するという介護の実態のこと。老老介護から一歩介護度が進んだ状態でのケアで、極めて厳しい状況が増えつつある。

ワクチン
（英）vaccine

生体に接種して免疫をつくらせる物質・医薬品

感染症の予防のために人や動物に接種して免疫をつくらせる物質・医薬品。健康時に前もって弱毒性病原体を体内に接種し、免疫抗体を作らせることがワクチン接種の目的である。結核の BCG や天然痘の種痘は生ワクチンの代表である。

コラム⑥こんな用語MO覚えておこう

メニエール病 めにえーるびょう	内耳にむくみが起こり発症する。突然、めまいが起こり、耳鳴り、吐き気、嘔吐を伴う。特定疾患のひとつ。
メンタルヘルス mental health	精神障害の予防・診断・治療を行ない、心の健康を保つために行なう活動のこと。
網膜剥離 もうまくはくり	神経網膜が何らかの原因で網膜色素上皮細胞からはがれ、硝子体の中に浮き上がってしまうこと。
予後 よご	手術や病気、創傷の回復時期やその見込み。「予後がよい（悪い）」などと使われる。
落屑 らくせつ	皮膚の表層が大小のかさぶた状（角質状）となってはげ落ちること。
リウマチ rheumatism	関節や筋肉などに炎症が起こり、こわばりや痛みを生じる疾患。リウマチ熱、関節リウマチなどがある。
リハビリテーション rehabilitation	障害を持った人に対して身体的・精神的・社会的に自立した生活が送れるように援助すること。
療養病床 りょうようびょうしょう	病院または診療所の病床のうち、主に長期間療養を必要とする患者を入院させるためのものをいう。

ADL《エーディーエル》 Activities of Daily Living

日常生活動作。着脱や食事、排せつ、入浴、移動など日常生活に必要な基本動作のことで、高齢者の身体活動能力や障害の程度を知るうえで重要な指標の一つとなっている。

AED《エーイーディー》 Automated External Defibrillator

自動体外式除細動器。電気ショックを与えて心臓の正常な動きを取り戻させるための治療機器で、音声ガイダンスに従い電極パッドを体にはる、ボタンを押すなどの操作を行なう。

ALS《エー エル エス》 Amyotrophic Lateral Sclerosis

筋萎縮性側索硬化症。運動神経が侵され、手足や舌の筋肉などがだんだんやせて力がなくなっていく進行性の神経疾患。介護保険上の特定疾患の一つである。

APDL《エーピーディーエル》 Activities Parallel to Daily Living

社会生活上で必要な生活関連動作。料理や掃除、洗濯などの家事や買い物、交通機関の利用など、社会生活を送る上で必要な活動をさす。日常生活の基本動作は ADL。

BMI《ビーエムアイ》 Body Mass Index

身長と体重から求める体格の判定方法（計算方法）。「体重（kg）÷身長（m）÷身長（m）」で算出される。肥満度を測るための国際的な指標である。

BPSD《ビーピーエスディー》 Behavioral and Psychological Symptoms of Dementia

認知症に伴う行動障害と精神症状。徘徊や妄想·攻撃的行動·不潔行為などの行動・心理症状のこと。介護する側の不適切なケアや環境などが起因するともいわれている。

BS《ビーエス》 Blood Sugar

100ml の血液（血漿）中にどのくらいブドウ糖が含まれているかを示すを表す値（血糖値）。単位は mg/dl。食事後に数値は上がり、健康な人は数時間で元に戻る。

CCU《シーシーユー》 Coronary Care Unit

冠状動脈疾患管理室。不安定狭心症や急性心筋梗塞などの急性冠症候群を主に収容する病棟。厳重な監視モニター下で持続的に管理される。

CT《シーティー》 Computed Tomography

コンピューター断層撮影装置。X 線撮影装置で 360 度の方向から放射線を体に当てて分析、コンピュータ解析により画像化するもので、身体各部の鮮明な横断像を得ることができる。

DIV《ディーアイブイ》 Drip Infusion in(to) Vein

末梢静脈からの点滴。いわゆる一般的な点滴を指す。そのための医療機器である点滴装置も「点滴」と呼ばれることがある。静注と略すことがある。※和製英語の可能性高い

DM《ディーエム》 Diabetes Mellitus

糖尿病。血糖値（血液中のブドウ糖濃度）が高い状態を指す。膵臓のインスリン分泌不全による内分泌疾患で、進行すれば目、腎、神経に合併症をきたすようになる。

DNA《ディーエヌエー》 Deoxyribo Nucleic Acid

デオキシリボ核酸。デオキシリボースとリン酸、4 種の塩基からなる。DNA の中に遺伝情報が暗号化して収められている。DNA が傷つけられるとがんなどの多くの病気が引き起こされる。

FIM《エフアイエム》 Functional Independence Measure

機能的自立度評価表 (ADL 評価法)。介護負担度の評価が可能で信頼性と妥当性があるとされ、リハビリの分野などで幅広く活用されている。

Hb《エイチビー》 Hemoglobin

ヘモグロビン（赤血球に含まれる血色素)。鉄を含む「ヘム」とたんぱく質である「グロビン」から構成される。正常値の目安は、男性 14 ～ 18g/dl、女性 12 ～ 16g/dl。

HBV《エイチビーブイ》 Hepatitis B Virus

B 型肝炎感染の原因ウイルス。人に感染すると肝細胞に侵入し増殖する。軽度（無症状）で慢性化する (長期間体内に残る）タイプのものが増えてきており問題となっている。

HCV《エイチシーブイ》 Hepatitis C Virus

C 型肝炎感染の原因ウイルス。HBV に比べて感染力自体は弱い。肝硬変や肝がんのリスクが高く、HCV 陽性になると、長期間にわたって定期的検査を受け、常に気をつける必要がある。

HDL《エイチディーエル》 High Density Lipoprotein

善玉コレステロールのこと。たんぱく質と脂質が結びついたもので血液中に存在する。血管壁のコレステロールを肝臓に運ぶ機能があり、HDL 濃度が高いと動脈硬化を起こしにくい。

HIV《エイチアイブイ》 Human Immunodeficiency Virus

ヒト免疫不全ウイルス。これに感染する病気がエイズ（AIDS）で、身体の免疫力が低下して、通常よりも感染症や病気になりやすくなってしまう。

HOT《ホット》 Home Oxygen Therapy

在宅酸素療法のこと。主に COPD（慢性閉塞性肺疾患）など呼吸器系に疾患を持つ人が在宅で酸素を吸引する治療法。病状が安定していて医師が必要を認めた場合に実施される。

HT《エイチティー》 Hypertension

高血圧症。血圧を妥当な範囲内にコントロールすることで、脳や心臓、腎臓などへの合併症の予防をする。そのためには生活習慣の改善が重要である。

IADL《アイエーディーエル》 Instrumental Activities of Daily Living

日常生活の基本動作。ADL での動作を応用し、動作の範囲をさらに広げた活動動作のことをいう。家事一般や金銭管理など、自立度と実施度の困難さなどの観点から見ていくことが必要である。

IC《アイシー》 Informed Consent

説明と同意のこと。インフォームドは「説明」で、コンセントは「同意」。個人主義意識の強いアメリカで生まれ、1980 年代半ばから日本でも認識され始めた。

ICF《アイシーエフ》 International Classification of Functioning

2001 年に WHO で採択された人間の生活機能と障害の分類法。生活機能というプラス面から見るように視点を転換し、さらに環境因子などの観点を加えた。国際生活機能分類。

ICU《アイシーユー》 Intensive Care Unit

集中治療室。主に、呼吸器や循環器・代謝系に重篤な障害があって急性期にある場合に、24 時間体制で必要な措置が迅速にとられる。手術後の全身管理が必要な場合も収容される。

IVH《アイブイエイチ》 IntraVenous Hyperalimentation

中心静脈栄養法。手術後や消化器疾患などで必要栄養量を経口摂取できない場合に行なわれる。主に鎖骨下の大静脈に留置カテーテルを挿入して高カロリー輸液を行なう。

LDL《エルディーエル》 Low Density Lipoprotein

悪玉コレステロールのこと。たんぱく質と脂質が結びついたもので血液中に存在する。必要以上にたまると動脈硬化を誘発する原因になる。

MMSE《エムエムエスイー》 Mini-Mental State Examination

認知機能検査。認知機能や記憶力を簡便に測定できる 11 の項目からなる。満点は 30 点。総合得点が 21 点以下の場合は認知障害がある可能性が高いと判断される。

MRI《エムアールアイ》 Magnetic Resonance Imaging

核磁気共鳴断層撮影装置。電磁波をコンピュータ処理によって画像化する。線による被曝の心配がなく、正確に解析しやすく、あらゆる方向の断面像が得られる。

MRSA《エムアールエスエー》 Methicillin-Resistant Staphylococcus Aureus

メチシリン（抗生物質）に耐性を獲得した黄色ブドウ球菌。外科手術後の患者や免疫不全者、長期抗菌薬投与患者、抵抗力の低下した高齢者などが感染することが多い。院内感染の起炎菌となる。

MSW《エムエスダブリュー》 Medical Social Worker

医療ソーシャルワーカー。医療的な知識を持ち、医療チームの一員となって医師の診断・治療に寄与する専門職。連携をとりながら業務を遂行していく調整能力も要求される。

OT《オーティー》 Occupational Therapist (P.48)

作業療法士。心身に障害のある人、それが予測される人に対して、医師の指示のもとで諸機能の回復・維持および開発を促す作業活動を用いて行なう。

PEG《ペグ》 Percutaneous Endoscopic Gastrostomy (P.18)

経皮内視鏡的胃瘻造設術のこと。内視鏡を使って腹部に胃につながる小さな穴（胃ろう）をつくり、そこからカテーテル(P.28) という細い管を通じて栄養剤を投与する。

PET《ペット》 Positron Emission Tomography

陽電子放射断層撮影法。全身の画像を一度に撮像でき、体を輪切りにした断層画像を得ることもできる。微小のがんの発見に威力を発揮する。

PSW《ピーエスダブリュー》 Psychiatric Social Worker

精神保健福祉士。精神医学ソーシャルワーカー。精神保健および精神医療に特化した専門員。精神障害者に対する社会復帰や各種サービス活動、家族との調整を主な業務とする。

PT《ピーティー》 Physical Therapist (P.111)

理学療法士 (国家資格)。要援助者に対して基本的動作能力の回復のための理学療法を医師の指示の下で行なう。大学や短期大学、専門学校で学び、試験に合格して資格を取得する。

PTSD《ピーティーエスディー》 Post-Traumatic Stress Disorder

心的外傷後ストレス障害。1970 年代アメリカのベトナム戦争帰還兵問題をきっかけに疾患として位置づけられる。1995 年阪神・淡路大震災以降に注目され、治療的対応が重要視されている。

QOL《キューオーエル》 Quality Of Life

生活の質。1989 年に WHO ががんの全過程に QOL を重視した医療を提唱したのが始まりで、環境問題や高齢者の生きがいなど幅広く解釈されるようになっている。

RC《アールシー》 Risk Communication

リスクコミュニケーション。合意形成のひとつ。リスクの送り手と受け手が情報共有して意見を交換し合うことで、リスクに関する相互の理解を深める過程をいう。

ST《エスティー》 Speech-language-hearing Therapist

言語聴覚士。言葉によるコミュニケーションに問題がある人の評価から訓練、指導、助言、援助まで行なう専門職。国家資格化されたのは1998 年。

VS《ブイエス》 Vital Signs

バイタル (生きている) サイン (徴候)。人が生きていることを示す基本的な徴候・所見。一般的には、体温、脈拍、血圧、呼吸 (意識を含むこともある) の総称をいう。

WBC《ダブリュービーシー》 White Blood Cell

白血球。血液に含まれる細胞成分の一つで主な働きは体を感染から守ること。基準値より高いと、感染症や胆嚢炎、膵炎などの炎症性の疾患、白血病、がんなどが疑われる。

WHO《ダブリューエイチオー》 World Health Organization

世界保健機関。世界のすべての人々を健康にすることを目的にさまざまな事業を展開する。1948 年に設立され、日本は 1951 年に加盟した。本部はスイスのジュネーブにある。

① 全身の部位

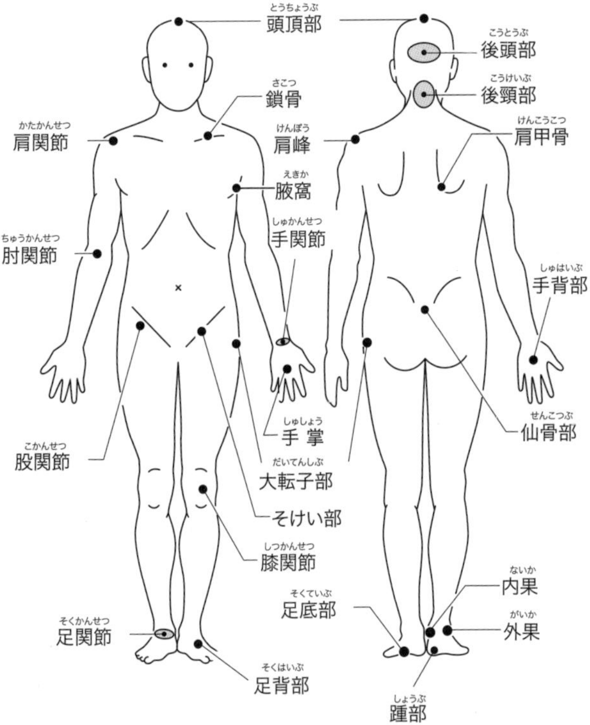

※語句解説の補足としてだけではなく、介護記録や医師・看護師との連携のために、このページと次のページを参考にしてください。

②全身の骨格

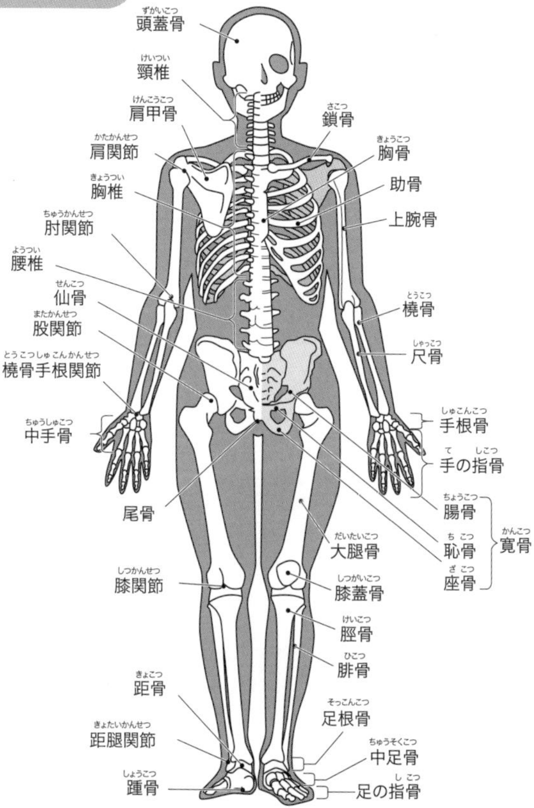

頭蓋骨《ずがいこつ》
頸椎《けいつい》
肩甲骨《けんこうこつ》
鎖骨《さこつ》
肩関節《かたかんせつ》
胸骨《きょうこつ》
胸椎《きょうつい》
助骨
上腕骨
肘関節《ちゅうかんせつ》
腰椎《ようつい》
仙骨《せんこつ》
橈骨《とうこつ》
股関節《またかんせつ》
尺骨《しゃっこつ》
橈骨手根関節《とうこつしゅこんかんせつ》
手根骨《しゅこんこつ》
中手骨《ちゅうしゅこつ》
手《て》の指骨《しこつ》
尾骨
腸骨《ちょうこつ》
大腿骨《だいたいこつ》
恥《ち》骨《こつ》
寛骨《かんこつ》
座《ざ》骨《こつ》
膝関節《しつかんせつ》
膝蓋骨《しつがいこつ》
脛骨《けいこつ》
腓骨《ひこつ》
距骨《きょこつ》
足根骨《そっこんこつ》
距腿関節《きょたいかんせつ》
中足骨《ちゅうそくこつ》
踵骨《しょうこつ》
足の指骨《しこつ》

③脳についての図

脳の区分（正中断層）

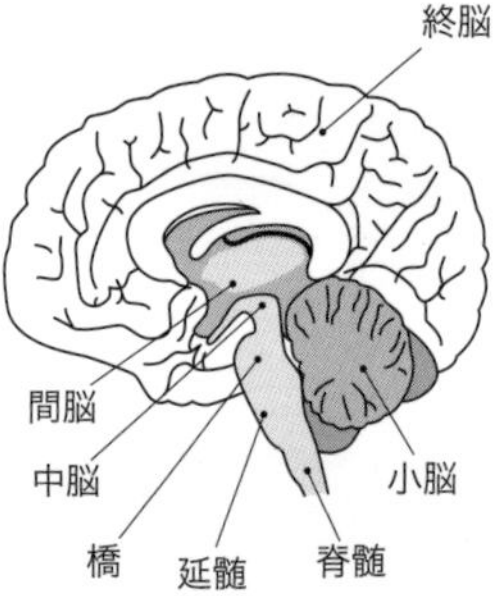

大脳半球側面

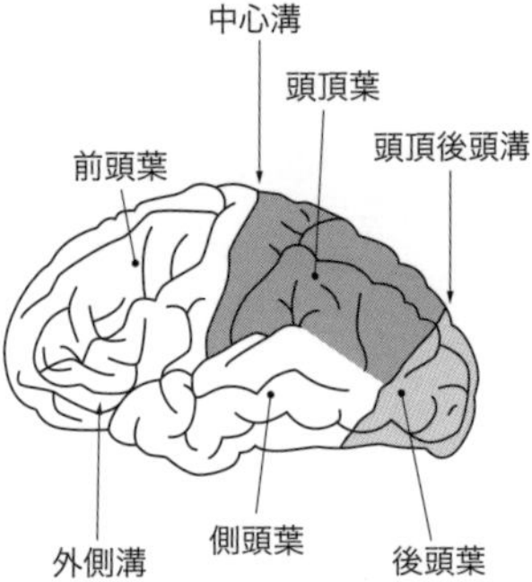

大脳皮質にある機能の局在（諸中枢）

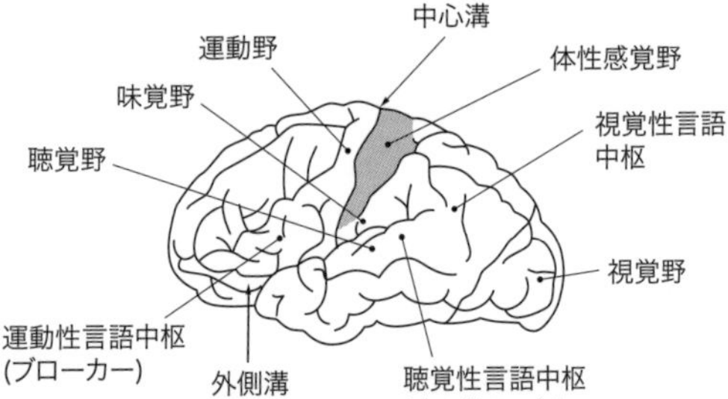

※認知症の方も増えています。脳についての参考にしてください。

脳を包む膜

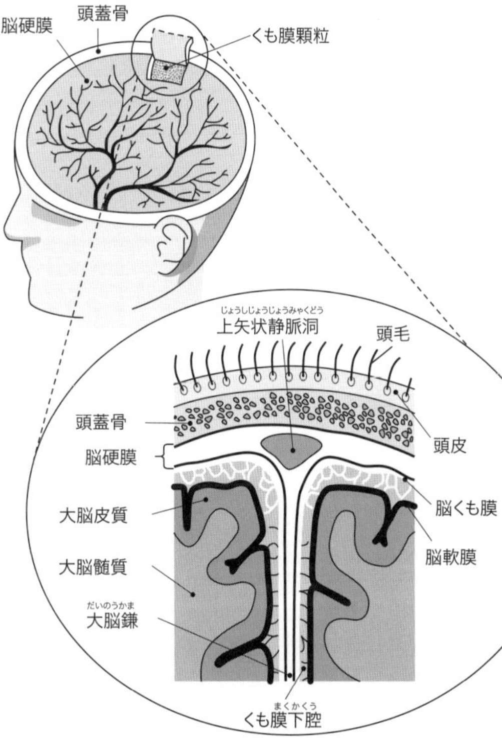

脳硬膜
頭蓋骨
くも膜顆粒
上矢状静脈洞《じょうしじょうじょうみゃくどう》
頭毛
頭蓋骨
頭皮
脳硬膜
脳くも膜
大脳皮質
脳軟膜
大脳髄質
大脳鎌《だいのうかま》
くも膜下腔《まくかくう》

著者　プロフィール

協力：特別養護老人ホーム・いくとく

監修：堀　清記
兵庫医科大学名誉教授・元姫路獨協大学教授。京都大学医学部卒・医学博士

監修：堀　和子
社会医療法人医真会　介護老人保健施設「あおぞら」元・施設長・元兵庫医科大学教授。京都大学医学部卒・医学博士

編著：前田　万亀子
高齢者サポートネットワーク「CSねっと企画」所属。ライター・コーディネーター

スタッフ
表紙イラスト／童きみか　本文イラスト／角田正己（イラストレーションぷう）
編集協力　本文デザイン・レイアウト／太田吉子
企画編集／安藤憲志　校正／堀田浩之

安心介護ハンドブック④
介護用語これだけは200
医療用語・横文字略語もOK!!

2010年11月　初版発行　　2022年7月　第10版発行

監修　堀　清記・堀　和子
編著　前田　万亀子

発行人　岡本　功
発行所　ひかりのくに株式会社

〒543-0001　大阪市天王寺区上本町3-2-14
郵便振替00920-2-118855　TEL06-6768-1155
〒175-0082　東京都板橋区高島平6-1-1
郵便振替00150-0-30666　TEL03-3979-3112
URL　https://www.hikarinokuni.co.jp
印刷所　図書印刷株式会社

ISBN 978-4-564-43114-2　C3036　NDC369.17　128P　15×11cm　　Printed in Japan